ミッドライフ・クライシス

80%の人が襲われる〝しんどい〟の正体

鎌田　實

青春新書
INTELLIGENCE

はじめに

ぼくは48歳の時、「ミッドライフ・クライシス（中年危機）」に陥った。

一説では、80％の人が中年期にミッドライフ・クライシスに陥ると言われている。

ミッドライフ・クライシスは、簡単に言えば中年期に訪れる心理的危機だ。

本書では、ぼく自身が経験したミッドライフ・クライシスの苦しさも紹介している。

当時、眠れない夜が続いた。動悸《どうき》に苛《さいな》まれた。冷や汗に襲われた。発作性頻拍症を予防する薬を飲んだり、睡眠薬が必要になった。とにかく苦しい数年間を過ごした。

もちろん、医師として患者さんのミッドライフ・クライシスにもたくさん付き合ってきた。

症状の軽い重いは人それぞれだが、人生の中年期にほとんどの人がミッドライフ・

クライシスに遭遇する。

ミッドライフ・クライシスの恐ろしいところは、人生に躓《つまず》いた人だけでなく、一見順風満帆の人生を歩んでいるようにみえる人でも陥る可能性が高いことだ。

ミッドライフ・クライシスはなぜ起きるのか。直面した時どうしたらいいのか。そして苦しさを少しでも減らすためにできることを、ミッドライフ・クライシスの経験者の立場から、医師としての立場から、書いてみようと思う。

本書の最終章では、ミッドライフ・クライシスと懸命に闘うあなたに応援メッセージを贈りたいと思う。どの言葉もぼく自身が勇気づけられ、生きるうえで指針にしている言葉ばかりだ。うまくいかないことがあったら、それらの言葉を参考にして少しでも前を向いてくれたら嬉しい。

鎌田 實

ミッドライフ・クライシス

80%の人が襲われる〝しんどい〟の正体

目次

はじめに —— 3

プロローグ ミッドライフ・クライシスに陥る人の共通点とは？
——鎌田流分析で読み解く8つの理由 …… 11

第1章 自分の居場所を再定義する
——〝世界〟のなかで自分が立っている場所 …… 21

◆閉じられた未来を突破するために 22
◆人生を軌道修正する最大で最後のチャンス 30

第6章 しんどい気分が消える言葉、明日の自分に向き合う言葉

プロローグ

ミッドライフ・クライシスに陥る人の共通点とは？

鎌田流分析で読み解く8つの理由

ミッドライフ・クライシスは、誰にでも起きる

人生は山歩きにたとえられる。

よくあるたとえだが、よくできたたとえだと思う。

人は人生という山を登る。長い人生、足取り軽くハイペースで登れる時だってあれば、どんなにがんばってもなかなか登れず、大変な時もある。それでも、さらなる高みを目指して登り続ける。そして山頂へ――。

しかし、本当にそうだろうか。人生にとって山頂とは何を指すのだろう。山登りであれば、目指す頂《いただき》ははっきりしている。一方、自分の人生については、どこが山頂なのか、当の本人さえ意外とわかっていない、ということも多いのではないだろ

うか。

まして、人は誰でも歳を取る。歳を重ねながら、見えない頂を目指して登り続けるのはあまりにきつく、苦しい。そこで、ある程度の年齢になったら、今度は〝山を降りる〟ことに意識を向ける必要がある。

でも、それがじつは一番難しい。このまま登るべきか。降りるべきか。下山するとして、どう降りたらいいのか。中年期に入ると、誰もがそうした葛藤や悩み、焦りを抱えることになる。

発達心理学者エリク・エリクソンの提唱した「ライフサイクル・モデル」という考え方がある。彼は、乳児期から65歳以上の老年期までを8段階に分けた。そのうち、40歳から65歳の間を成人後期と区分けした。

人生が上り坂から下り坂に入っていくまさに成人後期、人間は心の問題だけでなく、身体の問題も微妙に関係しながらさらなる下り坂に入っていく。

このいくつかの問題を抱えやすい成人後期に「ミッドライフ・クライシス（中年

危機）」は起きるのだ。

■きっかけはひとつではない

ミッドライフ・クライシスが起きる原因を鎌田流に分析してみたので紹介しよう。

①自分の人生の山頂が見えてくる

40代に突入し、人生の山頂が思い描いていた以上に低いことを知った途端、言葉では言い表せない絶望感が押し寄せる。

これからの人生が下り坂なのは承知しながら、自分の限界を知った時、ほとんどの人は心の憂鬱に悩まされてしまう。

②病気が発見され、病気との闘いが始まる

健康だった人が病におかされると、これまでのありふれた生活が突然できなくなる。日常に訪れるさまざまな困難は想像以上のストレスとなって、そのままミッド

ライフ・クライシスに突入してしまうことも珍しくない。

③酒・賭け事・不倫…自分でコントロールできないことにのめり込む

この時期に、アルコールなど依存性のあるものにのめり込んでいく人も多い。

また、賭け事や不倫に走ってしまう人が多いのもこの時期の特徴と言える。

ミッドライフ・クライシスの厄介なところは、多くの場合、本人が自分の不安定さを自覚していないことだ。


40歳から65歳のこの成人後期を上手にコントロールして脱出しないと、ほんの些《さ》細《さい》なことで取り返しのつかない事態が起きてしまうということを意識しておく必要がある。

④下り坂の向こう側に、遠くではあるが死が見え始めている

若い時期はほとんどの人が死など意識することはないだろう。ただ、人生の中間点に差し掛かると、人生の終わりが近づいていると、ふと感じる瞬間がある。下り坂の向こう側に死を意識した瞬間、自分がこれまで何を成し、これから先何ができるのかという焦りが生まれ、ミッドライフ・クライシスを引き起こす。

⑤自分探しが終わらない

『マトリックス』『スピード』など激しいアクション映画で名を馳《は》せた俳優のキアヌ・リーブスさんは、「40歳メルトダウン」「第二思春期」などと彼独特の表現を使いながら、ミッドライフ・クライシスを味わったようである。

思春期や青年期の間に確立しておかなければならないアイデンティティが確立できていない。モラトリアム状態が続き、青春時代の憧れをそのまま引きずっている。そんな人達がミッドライフ・クライシスの波を大きな波にしているようだ。

⑥子どもが自分の元から巣立ち、「空の巣症候群」に陥る

「空《から》の巣症候群」は、女性に多いと言われている症状である。子育てを一生懸命やってきた人は、子どもが成長し、自分の元から離れていく時に、自分は何のために生

きているのかわからなくなってしまう。これから何をすればいいのかわからなくなってしまう。もちろん男性にもある。

生き方を迷った弱い心にミッドライフ・クライシスの闇は忍び込んでくる。

⑦過度なストレスを抱えたまま、オーバーワークを続けている

ぼくは48歳の時にパニック障害に襲われた。1年ほど不眠症が続き、発作性心房細動にも悩まされた。はっきりとした原因はわからない。

ただ当時、「多くの病院が赤字の中で、自分が院長を務める病院は黒字経営」をしながら「日本中から注目されるような温かい医療を」という〝綱渡り〟のようなことをしていた。おそらくストレス過剰だったのではないかと思う。

自分の限界を超えた過度のストレスはミッドライフ・クライシスをこじらせる危険因子となる。

⑧人生をうまく乗り切った人が初めて「つまずき」と向き合う

8年ほど前、歌手の武田鉄矢さんと対談をした。

彼も40代から20年間近く、鬱々とした時期があったという。彼の主演したドラマ『101回目のプロポーズ』が大ヒットした少し後のことだ。

ここがミッドライフ・クライシスの難しいところで、人生が険しく、うまくいかなかった人だけがミッドライフ・クライシスに陥るわけではない。人生をうまく乗り切ってきた人達もこの人生の中間点で不穏な状態になる。

『アンナ・カレーニナ』や『戦争と平和』など世界に名が残る作品を書いたトルストイも10年ほど筆を断つ時期があった。文豪もミッドライフ・クライシスに陥るのだ。

あるいは、こんなケースもある。2020年9月、女優の竹内結子さんが40歳で自死された。

日本を代表するような女優になり、大輪の花を咲かせて真っ盛りのようにファンには見えていた。私生活では、妻として主婦として、2人の子どもの母親として、丁寧な生活を送っていたようだ。

出産後のマタニティブルーだった可能性もあるが、ぼくはミッドライフ・クライシスだったのではないかと思っている。

40歳にもなると、当然、女優として主演を張れないことも徐々に多くなってくる。もちろん、ここを上手に突破することで、米倉涼子さんのようにさらなる飛躍をしたり、吉永小百合さんのように一生涯主演女優として起用される可能性も十分ある。

ただ、近年出演した映画『コンフィデンスマンJP プリンセス編』で、彼女は前作につづき主演ではなく助演だった。もちろん断定はできないが、主役から脇役へという仕事上の変化から、少なからず焦りを感じていたのかもしれない。

■危険と隣り合わせの世代

じつは、**40～60代の80％がこのミッドライフ・クライシスに遭遇する**と言われている。
40〜60代の80％がミッドライフ・クライシスを迎えるというのは、**まさに人生が成功している人も人生に失敗し続けてきた人も、同じようにこの時期に危機を迎える可能性が強い**ということだ。

ミッドライフ・クライシスは、誰でも襲われる。早い人では35歳からミッドライフ・クライシスに襲われることもある。

近年、日本人の寿命が延びたことを考えると、70歳くらいまでをミッドライフ・クライシスの危険と隣り合わせの世代と考えたほうがいいだろう。

リスキーな中年期をどう乗り越えていったらよいのか。

次の章から、ミッドライフ・クライシスの正体を明らかにしたうえで、それを乗り越える方法を具体的に提案していきたい。人生の後半を、よりいっそう実り豊かなものにする知恵として読み進めてもらえたらありがたい。

第1章

自分の居場所を再定義する

――〝世界〟のなかで自分が立っている場所

閉じられた未来を突破するために

■若者と中年一歩手前の人達が「仕組み」を変える

新型コロナウイルスの感染拡大によって、若い音楽家達が活動の場を失い、精神的にも生活のうえでも困った状況が続いている。ぼくも、2020年の春から若い音楽家達の相談に乗ってきた。

毎年4月には東京・代々木公園で10万人近くが参加するアースガーデン主催の音楽フェスとフリーマーケットが行われている。このイベントには環境問題に関心の高い若者達が多く集まる。

新型コロナ禍での開催に向けて、面白いアイデアが次々と出てきた。

音楽フェスに参加した音楽家も観客もみんなで2週間の自主隔離をするといった

アイデアや、コロナの影響で運航できなくなったクルーズ船内でコンサートやイベントを実施してそのまま2週間の自主隔離をしたら、何か自由な空間ができて楽しい隔離になるんじゃないか……など、色々な方法を模索した。

新型コロナとの闘いを、今のような、政治家や専門家、テレビに引っぱられている、ジメジメした隔離ではなく、明るい感染対策にしたかったのだ。

しかし、残念ながら若者達の願いは叶わず、結局音楽フェスは無料オンライン配信で行われ、加藤登紀子さんを中心に何人かのアーティストがボランティアで参加した。ぼくも加藤登紀子さんとトークショーを行った。

このイベントから約半年後の2020年11月、若者達は大きな決断をした。

社会の仕組みを変えるためには、少しずつこじ開けなければいけない。

2020年秋、彼らは音楽フェスの開催を決めた。

検温し、アルコール消毒し、マスクをして3密を回避する。しかも野外音楽堂でコンサートをすれば換気の心配がなくなる。

長野の茅野からぼくもボランティアで参加した。ロックミュージシャンの佐藤タイジさんと加藤登紀子さんと3人でトークをした。佐藤さんは50代前半、その後、元プロサッカー選手で40代前半の巻誠一郎さんともトークをしたが、以前からこの人には会いたかった。セカンドキャリアが抜群に面白い。

サッカー人生での一番の思い出を聞いてみた。

■キセキを起こす熱量

人生の中で一番印象に残っている思い出は、日本代表としてワールドカップに出たことではなく、２００８年、Ｊリーグのジェフ千葉が、Ｊ１に残留かＪ２に降格するかという絶体絶命のピンチに陥っていた最終戦の日のことだという。

この日、ジェフ千葉は試合終了の17分前まで2対0で負けていた。そこからなんと4点を入れ大逆転。

しかし、自分達が勝っただけではＪ１には残れなかった。競争相手の２チームがともに負けることが必須だった。そんな条件下で、なんと2チームとも負けたのだ。

そしてジェフ千葉は残留が決まった。

2対0から1点入った時、スタジアムの熱量が半端ないぐらいすごかった。その時の光景が今でも忘れられないという。

■お金儲けに向いていない自分

彼はサッカー選手を引退した後、ビジネスを立ち上げた。起業当初、ピザ屋をやったがあえなく失敗。自己分析をして「自分はお金儲《もう》けに向いていない」という結論に辿り着いた。

この自己分析がすごい。自己分析ができないままミッドライフを生きる人はごまんといる。

「自分がエネルギーを注げるのは何だろう」と考えた末、「誰かの役に立つこと」だと気づいたという。

ぼくはそんな彼に、「サッカーをやって得たものは何？」と聞いてみた。

「サッカーをずっとやりながら生きてきて、その中で一番得たものは、問題解決能力です」と彼は答えた。

イヤイヤ、すごい。目の前にある壁を壊すには、これなんだ。サッカーは、どうやって1点を取るか、そのために自分はどんなワザを使わなければいけないのか、相手のガードをどうこじ開けたらいいのか常に考え行動しなければならない。

彼はサッカーを通じて問題解決をする訓練をしてきた。これはビジネスをしていくうえで大きな力になっているという。

■問題解決能力と我慢が必要

もう一つ、我慢する力も身に付いたという。サッカーという競技は手を使えない。基本的には我慢を強いられるスポーツだ。

そこでぼくは、スタンフォード大学のウォルター・ミシェル教授が50年近く行ってきた「我慢」がどのように人生に影響を与えるかという「マシュマロ・テスト」

の話をした。

マシュマロ・テストでは、小さい子どもにマシュマロをあげて1時間食べるのを我慢させる。我慢ができた子にはもう1個マシュマロをあげる。しかしほとんどの子どもは1時間も我慢できずにマシュマロを食べてしまう。

一方で、我慢した子を50年間追っていくと、ビジネスで成功していたり、集中力があったり、壁にぶつかった時もそれを突破する力があった。さらに健康に対するセルフコントロールも上手にできていたという。

ぼくが**「人生は我慢をすることが目標ではないが、長い人生の節々で我慢できるかが大事」**と話したら、巻さんは「その通り、その通り」とニコニコ顔だった。

■スポーツと教育と介護をくっつける

彼はフットサル場を立ち上げ経営を始めたが、なかなか思うように黒字には至らなかった。同時にそのフットサル場を使って、発達障害など障害を持っている子どもも達を対象にした放課後等デイサービスや介護施設を運営することになった。見事、黒字化に成功したという。

彼はジェフ千葉を退団後、ロシアと中国のチームに所属した。その時の経験がビジネスをやっていくうえでとても役立ったという。全く知らない町で知らない人と生活することを通して、ビジネスの感覚を学んだのだ。

特に中国の経済成長のスピードの速さやそこで何でもビジネスに変えようとする彼らの逞《たくま》しさを学んだ。

彼の運営する障害者向け放課後デイサービスは、教員免許を持っている人を指導員にすることで、スポーツと教育を合体させた。身体を動かすことで、子ども達の脳や身体機能の向上、問題解決能力や仲間と協力する力を養う運動プログラムを作ったのだ。

同時に、彼の生まれ故郷・熊本が地震で大きな被害に遭った時、日本中から届いた救援物資が避難所や被災者に届いていない現実を直視し、行政がスピードを持ってやれない部分をサポートしたという。

自分のビジネスにとどまらず、ベンチャー企業の社外取締役にもなった。

このへんがすごいと思う。

次々に問題を解決していく力をこの人は持っている。

自分の限界が見えた時から本当の仕事が始まる。

彼はＪリーガーとしても一流だったが、**どんなに素晴らしい選手でも年齢的な限界がやってくる。その後のセカンドキャリアが大事**だ。

彼の人生の選択の中に、ミッドライフの生き方のヒントがいくつもあるように思った。

閉じられた未来を突破する仕事の考え方が彼の中にはできているように思う。客観的に自分自身を掴《つか》める力が彼にはある。

彼は自分が得意な〝誰かのために役立つビジネス〟というのを常に考えながら、多様な形でこれからも新しいビジネスを展開していくのではないかと思っている。

人生を軌道修正する最大で最後のチャンス

■チャンスは誰にも訪れる

フリーアナウンサーの丸岡いずみさんが日本テレビにいた頃、1年ほど一緒に仕事をした。彼女は夕方の情報番組『news every.（ニュース・エブリィ）』のキャスターをしていた。ぼくは週1回のコメンテーターだった。

「奇跡の38歳」と言われ人気のキャスターだった。北海道のテレビ局でアナウンサーとして面白く楽しくやっていた彼女は、29歳で日本テレビに中途入社し、報道記者となった。出演していた番組のニュースコーナーが話題になったこともあり、とんとん拍子で『news every.』のメインキャスターに抜擢された。

当時のことを「田舎道でゆっくり走っていたのが、突然、高速道路に乗ってしまいました。せっかく高速に乗ったんだから、ノンストップでビュンビュン飛ばしちゃえって。毎日が刺激的でした」と自分で表現している。

その頃ぼくは、「Dr.鎌田實のガンバラナイ」というコーナーで、丸ちゃんと丁々発止、色々なテーマについて意見を交わした。

当時、彼女は人気者になり過ぎて、〝パパラッチ〟のようなものまで出現したらしい。しばらくして番組を休むことになった。そして、そのまま退社した。

しばらく休んで元気になったようで、久しぶりに連絡があった。2年ぶりに丸ちゃんに会うなら、落ち着いてゆっくり話せる場所がいい。ぼく達は、長野県諏訪郡・原村にあるレストランで待ち合わせをした。ぼくの友人が営むカナディアンファームで食事をしながらお互いの近況を語り合った。

丸ちゃんは『仕事休んでうつ地獄に行ってきた』（主婦と生活社）という本を書いていた。

彼女は見事に立ち直り、結婚し、男の子を授かることもできた。地に足をつけて彼女らしい生き方をしてミッドライフ・クライシスを見事に乗り越えた。

■自分が今いる場所を再点検する

もし、彼女が病気にならなかったら今頃何をしていただろう。仕事中毒になっていたかもしれないし、張り詰めた気持ちの中で今も〝高速道路を飛ばして〟いたかもしれない。

それはわからないけれども、病気をくぐり抜けて現在に至った彼女は、その頃のことを振り返り、「病気になってよかった」という。

「うつ病にならなかったら、結婚もしていなかったと思います」とも言った。

これは、とっても大事な気づきだと思う。

中年期に入ると、誰でも身体の問題、心の問題、何か仕事上のつまずきなどを抱え、どうあがいてもそれまでと同じようにはいかない、という局面に差し掛かる。そんな時は、**一度立ち止まって、自分が今いる場所を再定義してみる**といい。

まず、自分が抱えている悩みをいったん脇に置く。やらなければいけない仕事が山積していても、それをいったん頭から追い出す。そのうえで、自分にこんな言葉を投げかけてみよう。

自分は、本当にこの居場所を望んで今まで生きてきたのだろうか？

人によっては、自分の考えとは違って、あれよあれよという間に、気がついたら今の立ち位置に来てしまった、という人も少なくないだろう。それならば、本当に自分がやりたいことは何なのか、どんな人生を送りたいのか、そのためには自分の立つ位置を変えることができるかどうか、もう一度点検する、じつはとてもいいチャンスなのである。

ミッドライフ・クライシスは辛いけれども、軌道修正をするチャンスだよという最後の啓示なのかもしれない。

彼女の中年期はまだまだ続く。「ゆっくりね。負けないで」とエールを送る。たまには休んで、立ち止まり、一生に一度きりの自分の人生の後半戦、負けるな！

混沌とした時代は、迷いながらも生き方を変えるのがいい

■どんな時代を生きているのか

世界三大投資家と言われているジム・ロジャーズは、シンガポール在住のアメリカ人。彼は早くから「アベノミクスで日本は衰退していく」と言っていた。そして、2020年9月、首相が安倍氏から菅氏に代わった。菅氏は安倍氏と同じ路線を継承するということで、日本の衰退は必然だという。「中国や韓国など日本以外のアジアが成長していく。日本だけが取り残される」というのがロジャーズの考えだ。**大胆に歳出削減を行い、移民を積極的に増やし、人口増加を起こさない限り日本に未来はない**という。

データを調べてみると、暗澹《あんたん》たる思いになる。日本の世界競争力ランキングは34位、労働生産性は21位、民主主義指数は21位、幸福度ランキングはなんと56位だ。アメリカに次いで経済大国だと思っていたが、とんでもなく後塵《こうじん》を拝するようになっている。私達日本人は、現実を直視する必要があるだろう。

■「海外に行く」のに遅くはない

ロジャーズは、10代の人に対し「日本はいずれなくなるだろう。外国に行きなさい」と3年ほど前から繰り返し言っている。**日本にいるより、海外に行きキャリアを築いたほうがいい**という考え方だ。

ぼくはこの提案に賛成だ。むしろ、若い世代だけでなく、就職氷河期世代、20代から20年以上ずっと〝シビアなクライシス〟が続いている人達に対しても有効な提案だと思う。

就職氷河期世代は、望むような仕事はもちろん、正規雇用に就くことができず、一度踏み外したレールから戻れないまま大きな格差に直面してきた。

20年の月日が経ち、40代になった就職氷河期世代は、未婚など新たな問題を抱えながら、長いトンネルから抜け出せないままでいる。

そんな人達こそ、ミッドライフ・クライシスをステップアップの道具として、海外に目を向けて欲しい。

もちろんすぐには難しいという人も多いだろう。それならばまずは、1～2年、iPhoneなどを使って英語の特訓をしたり、アジアから来ている労働者と仲よくなって英会話の練習をさせてもらってもよい。

そして、本当に友達になれそうなら、彼らが母国に帰る時に、思い切って一緒に行ってみるという手もある。将来的には、向こうで一緒にビジネスを始めるなど、何か新しい挑戦に繋がるかもしれない。

思い切って一歩踏み出し、生き方を変えることで、ミッドライフ・クライシス、さらには20年間続いた格差から抜け出して欲しいと思う。

「限界ミッドライフ」に立ったら新しい人生の準備をしよう

■中年になってから、シビアな状況に気づく

ミッドライフ・クライシスは、それまで順風満帆に人生を歩んできた人が中年期に入り、生きる意味を見失ったり、歳を取っていくことに不安を感じたり、このままでいいのだろうかと葛藤を感じたり……ふっとそんな時に入り込んでくる心の深い憂鬱である。

しかし、20代の頃からずっと憂鬱状態が続いている人達がいる。その人達がちょうど中年期に差し掛かっている。１９９０年代半ばから２０００年代前半の就職氷河期の頃に荒波を被《かぶ》ってしまった人達だ。バブル経済崩壊後、景気が一気に冷え込

み、長きにわたって就職難が続いた。彼らの多くは、希望の仕事に就くこともできず、不安を抱きながら今現在も暮らしている。中には40代になるまでいい思いをした経験が少なく、ずっと苦労の連続だったという人達がいる。

実際のところ、国民年金に入れていない人は、30代から40代が約60％と圧倒的に多い。また、パート労働者のうち、およそ500万人が社会保険に加入できていない。

意識して国民年金に加入しお金を納めていればいいが、現実問題、お金を納めることができていない人達がほとんどだ。さらにコロナの追いうち。

国民年金制度の第1号被保険者（自営業や無業の人）で調べてみると、30代と40代の未納率は40％前後。当然、この状況下にいる人にとってみれば、

今までは若くて元気だったから不満はあっても不安は少なかった。

しかし、中年になって生活の余力もないために、炭水化物を中心にした食事が多くなり、肥満や糖尿病、高血圧を発症してしまう人も少なくない。中年に差し掛かっ

て病気の心配が出てくる。

また、医療保険に入っていない人達も多い。この人達にとってみると、ずっと辛い状態が続いているが、中年になってさらにそのシビアさが増すのである。

■「新しい人生」を始めるために

「限界集落」という言葉がある。過疎などが原因で65歳以上の高齢者が50％を超えた集落で、村の機能や自治体の機能の維持が困難な状態のことだ。

格差が広がり、結婚すらままならない就職氷河期世代の40代が置かれた状況は、この限界集落に匹敵するくらい厳しく、手のほどこしようがない状態だ。

「限界ミッドライフ」、非常にシビアなミッドライフ・クライシスなのである。

この人達を救うためには政治の力がまず必要だ。そのうえで、この本で書いてあるクライシス脱出法を一つでもやってみて欲しい。


諦めないでもう一回、チャレンジ。

少し考え方を変えて「新しい人生」を始めてみよう。

第2章

自分の限界が見えた時から、本当の仕事が始まる

——自分らしく生きるための〝考え方〟

ミッドライフ・クライシスは変化に対応するための〝成長痛〟

■隙間には自分の居場所がある

齋藤瞳さんは大学卒業後、警察官になる予定だった。

幸い採用試験には合格したが、そこでふと迷いが生じた。自分の長い人生がすべて決まってしまうような気がしたのだ。結局、家族には内緒で、直前になって断ってしまった。

生活の安定を求めたほうがよかったのではないかと今でも少し思うという。でも、その時の自分は無敵に思えたと屈託なく笑った。

結局、大手の不動産会社に就職。営業部門に配属された。営業成績は抜群だったようだ。それでついつい「私、才能あるなあ」と思ってしまったという。そうして20代で独立。ところが結果は惨憺《さんたん》たるものだった。お客さんがまったく来なかったのだ。

自分の活躍は才能の賜物なんかじゃなかったことに後で気が付いた。会社の看板のお陰だった。

「よい勉強になりました」と笑う。

彼女は会社を畳んだ。そして結婚、出産。

育児が一段落したところで、地元の不動産会社で事務の仕事を始めた。そこで新しい展開が待っていた。生活保護を受給しているお客さんと出会ったのだ。

生活保護受給者は住居を借りるのがとても難しい。大家は自分のアパートへの入居を敬遠しがちだという。

生活保護でもらえるお金を全部取り上げるようなブラックな貧困ビジネスもあり、生活保護受給者が餌食《えじき》になっている場合もあるらしい。

齋藤さんはそんな生活保護受給者の部屋探しに奔走した。区役所に同行し、ケースワーカーと話し、福祉事務所と連絡しあって、何とかアパートを見つけることに成功した。

こんな事例を何例か経験しているうちに、誰も手をつけない〝隙間〟を発見した。

■人生のうえでも、仕事のうえでも大切な中年期

高齢者や生活困難者、シングルマザーなど部屋探しに困っている人のための不動産会社を立ち上げようと考えたのだ。それで「アオバ住宅社」というのをつくった。

齋藤さんの仕事作りは尖《とん》がっていて面白い。

20代の時には起業して儲けようと思っていた。40歳近くで始めた仕事は、自分というよりも与えられた使命に誠実であろうとしている。

「誰かのために生きる」という意識を持って起業していることがとても素晴らしい。

65歳のある男性は、彼女の紹介で入居先が決まった。しかし、住む場所は決まっ

ても、なかなか仕事を見つけられなかった。そのことをアパートの大家さんに相談すると、アパートの共用部分を掃除するという仕事を提供してくれた。

この男性の掃除の仕方は驚くほど丁寧で、大家さんは気に入り、自分の家の掃除も依頼するようになった。

さらに、その話は広がり、最終的には掃除業務を請け負うようになる。働き手は10人ほど、時給１０００円で何十棟もの清掃を頼まれるようになった。

■中年期だからこそ、やりとげられる仕事がある

「孤立している人って本当は寂しがり屋」という齋藤さん。ゴミ屋敷に足繁く通い、行政とも連絡を取り合いながら準備を進め、ゴミ屋敷をきれいにして新しい住宅へと引っ越す手伝いもしたという。

入居者の葬式をどうしてあげるかというのも問題だ。

少し前までは「６０３０問題」があった。60代の親と30代のひきこもりが同居している。それが10年経つと７０４０になり、さらに10年経つと８０５０になる。

80代になった親をひきこもったままの50代の子どもが面倒を見る。

ケアマネジャーやヘルパー達が入っていない閉ざされた家庭では、虐待が起こっている可能性も高い。親を虐待しながら、親の年金を頼りにしないと生きていけないという地獄のような関係ができ上がっている。

7040の40代も8050の50代も辛かっただろうが、ミッドライフ・クライシスをミッドライフ・チャンスにひっくり返して、もう一度再挑戦してもらいたい。

ここまできたら他人にはどうすることもできないだろう、というようなシビアな状況でも、彼女はその〝突破口〟に思いを巡らす。その根っこにあるのは、やはり「誰かのために生きる」という強い意志なのだろう。

こうやって彼女は、辛い状況で生きている人達に手を差し伸べながらビジネスを開拓し、上手にミッドライフを生き抜いているように思う。

■ミッドライフ・クライシスは〝成長痛〟

ぼく達は生きていく以上、変化していくのが運命だ。自分自身も変化し、自分を取り巻く状況も変化していく中で、いつまでも同じ生き方や価値観を押し通そうとするのは所詮無理がある。

ミッドライフ・クライシスは変化に対応するための〝成長痛〟〝脱皮の苦しみ〟。

そんな風にとらえることができれば、何も恐れることはない。

閉じられた未来にするのか、明るい未来にするのかは、結局、自分の考え方ひとつである。常識的な思考の枠をいったん外してみよう。時には、頑強な日本社会の壁を突破する、諦めない〝力仕事〟が必要だ。

中年よ、大志を抱きつつ、ほどほどに危機を楽しめ、と言いたい。

人生の後半戦こそ、もっと自由に生きる

■自分の気持ちに正直になれなかったあなたへ

一生に一回の人生なんだから自分の人生の主人公は自分と思って生きるのがいいと思う。

誰かに操られる人生、決められたレールの上を歩く人生なんてまっぴら御免だ。

今まで自由に生きてきた人は、人生の後半戦に向かってさらに自由になればいい。今まで、自分の気持ちに正直になれず、自由に生きることもできなかったと思う人はこう考えてはどうだろう。

今は、人生を変えるちょうどいいチャンス。

コロナ時代を上手に利用して新しい自分にモデルチェンジしていく準備をしていけばいい。

■中年期の壁を越える準備をする

ぼくが代表を務めているＪＩＭ－ＮＥＴというＮＰＯで、金澤絵里さんという40歳の看護師さんがスタッフになった。イラクのアルビルという都市に事務所がある。２０１８年、金澤さんはそこの現地駐在員になった。優秀な看護師だった。

ここには白血病の子ども達を治療するナナカリ病院があった。彼女はこの病院の抗がん剤支援も行っていた。

白血病の治療成績を上げるためには、感染症対策が欠かせない。手洗いやマスクで病棟にウイルスや細菌を持ち込まないようにすること。これを看護スタッフがきちんと行うのはもちろん、病院全体のスタッフにそれを習慣化させ、病院を利用する患者や家族の教育も行う必要がある。

彼女は見事にわかりやすいマニュアルを作った。支援に入る側と入られる側との上下関係をつくらないようにすることを、常に意識をしながら行動していたので、支援を受ける側も抵抗感が少ない。彼女が作ったマニュアルが徐々に、でも確実に浸透していった。

ひと仕事を終えると、JIM-NETを退職。請われてバングラデシュの新病院の看護体制づくりの支援に入った。

世界中のどこでも仕事ができるようにアメリカの看護師ライセンスも取った。

彼女は秋田県の商業高校を卒業している。ラジオの英会話を利用して英語を学んだという。少なくともスタートはエリートではない。より自分が自由になるために勉強を積み重ねているところが、何よりすごい。

ボランティアでアフリカに行った後は、発展途上国で必要となる感染症の知識を学ぶため、タイのマヒドン大学の公衆衛生学部に入学し、1年で修士号を取った。

これからどこでも活躍できるように彼女は考えたのだと思う。

■ＭＢＡを目指す

２０１９年からは、アメリカの大学院の修士課程をオンラインで学び始めた。ＭＢＡがもし取れれば、銀行や大企業の幹部コースに乗ることだってできる。
どんな組織やプロジェクトでもマネジメントがしっかりしていなければいけない。マネジメントを学ぼうと考えたようだ。40代をどう生き抜くかを考えている。

どんな時代が来ても生き抜ける力を蓄えようとしている。

中年期を生き抜くのは難しいことがわかっているからこそ、彼女はその準備をしている。
ぼくはイラクとヨルダンの間にある〝ノーマンズランド（緩衝地帯）〟というところで、イラクに戻ることができず、ヨルダンにも入ることができない、何年にもわたって厳しい環境の中で生活している難民の予防接種を、ＵＮＩＣＥＦから依頼されて行ったことがある。その時、イギリス人看護師がこのプロジェクトのマネジメントリーダーをやっていた。

すごく仕事がしやすかった。予防接種を行うという医師としての仕事に集中できたからだ。日本では何でも医師が頂点に立ってしまう傾向にある。しかし、世界を見ると看護師が全体のマネジメントをしている。よくある光景なのだ。金澤さんはそういう看護師を目指しているようだ。

■コロナのクラスター現場に救援に入る勇気

新型コロナウイルスの第1波の時、札幌のある高齢者施設で90人を超すクラスターが発生した。看護師や介護士も感染したために、働く人達が減り出した。結果、この施設では17人の死亡者が出てしまった。

看護師が集まらなくなった時、金澤さんは手を挙げて支援に入った。その後、救援が入ってこの施設は危機を脱した。

「人手が足りず、誰かが行かなければいけないのならば、私は行けると思いました」

そう考えることができたのはなぜか。彼女が自由だからだ。「自分の判断で自分を守りながら、お年寄りを守ることもできるし、お年寄りを守ろうとする介護士達を守ることもできる」と彼女は考えた。

２０２０年夏、熊本で水害が発生し避難所ができた。そこに感染予防のための物資の支援を行っていたが、やはり金澤さんが２週間の自己隔離とＰＣＲ検査を行って、避難所の救援に入った。

「困っている所へ誰も行く人がいないなら自分が入る」

自由な人だなと思う。そして、より大きな自由を手に入れるために、彼女自身が努力を怠っていないところがすごい。

ミッドライフになってより縛られるのではなく、より自由になっていく人が増えていくといいと思う。

二足の草鞋《わらじ》を履きながら、ゆっくりとシフトチェンジをしていく

■43歳で転機が来る

北原佐和子さんという女優と対談をした。１９８０年代、彼女は16歳でトップアイドルになった。

アイドルの仕事は面白かったかと聞くと、「面白いというより勢いです。クラブ活動の延長線上のような3年間。寝る間もないぐらい忙しくて……」と彼女は答えた。

高校在学中にミス・ヤングジャンプに選ばれ華々しく芸能界入りをした彼女は、映画、ドラマ、舞台にと今も活躍の場を広げている。

彼女がこれまで出演した舞台やテレビは挙げると数えきれない。アイドルから女

優に見事に転身を果たした。

芸能生活はまさに順風満帆だった。ところが43歳の時、ホームヘルパー２級のライセンスを取った。介護施設にボランティアで参加するうちに、介護の現場で働きたくなったという。

女優の仕事があるので、介護施設の２交代や３交代のシフトに入れない難しさがあることはよく分かっていた。でも手当たり次第に介護施設に連絡をした。そして何とか１軒働ける施設を見つけることができた。

■したいことをすればいいのだ

「女優の傍ら、ヘルパー２級の勉強、大変だったんじゃない？　しかも43歳……」

ぼくは彼女に聞いた。彼女曰《いわ》く、高校生の時にアイドルになってしまい、**きちんと勉強してこなかったので、逆に勉強が新鮮だった**というのだ。

こういうセンスがミッドライフを生き抜くためには必要なんだ。

また、じつはアイドルという仕事に少し居心地の悪さを感じていたという。

「グラビアの仕事で自分ではワンピースの水着が着たいのに、隠すのがギリギリというような水着を着せられることが多かった。なぜ着たくもないものを着なければいけないのかと常に疑問に思っていました」

すごく正直な人だと思う。北原さんははっきりとこう言った。

「自分が夢中になれる、居心地がいいなと思えることをすごく探していたと思います。それが介護の世界でした」

自分の人生なんだ。自分の性に合っていることをすればいい。

■誰でも演じる力を持っている

彼女が女優という仕事を好きなのは変わらない。演じることも好きだし、沢山の俳優やスタッフが一緒にドラマを作り上げていくことも彼女にとって魅力なのだという。

「女優業と介護の仕事、好きなことを2つやっている」と彼女は語った。都内のデイサービスに勤めながら、介護福祉士の免許も取った。

この資格は結構難しい。よく取ったと思う。

さらに、ライセンスを取るのが大変なケアマネジャーの資格、准看護師の免許まで取ってしまったのだ。

彼女のバイタリティは半端じゃない。40代から50代にかけて次々に自分に挑戦している。すごいなと思う。

女優と介護には共通点があるという。

「女優業というのは一人の役を色々な方向から見ます。介護は利用者さんを色々な方向から見て色々なものを引き出して、その人が必要としていらっしゃることを提供します。人間を多角的に見るところが似ているのかなと。ただ、介護において私は陰の存在、あくまで主役は利用者さんです。一方で、女優業では私が主役。似ているようで真逆なので、両方携わることができて面白いと感じています」

賢い人だ。女優や介護者として時には演じることがあるだけでなく、人生を生きていく時にも演じることがあっていいはずだ。

彼女は「介護の魅力ネット・あいち」のインタビューでこうも語っている。

「例えば女優の仕事は、メイクをしたり衣装を着替えたりするところで役のスイッチが入ります。介護の現場に入る時支度をしながら気持ちが切り替わっていくのは、役柄の気持ちを作っていく仕事をしていたことで培われたことかもしれません」

ミッドライフ・クライシスの荒波から立ち上がったり、コロナからアフターコロナへ向かっていく時代の転換期に、一人ひとりがそれぞれ、「新しい人間」を演じるチャンスがやって来ているような気がする。

新しい人間を演じるという視点から、面白い人生の下り坂を探してみてはどうだろうか。

誰も言わないもうひとつの「８０５０問題」

■何度でも手を差し伸べようよ

日本には「ひきこもり」が約１１５万人いる。15歳から39歳までのひきこもりは推定で約54万人、40歳以上64歳までのひきこもりが約61万人、このなかでいちばん多いのが40歳から44歳で、中高年のひきこもりのうち25・５%がこの40〜44歳に当てはまる。じつは、若い世代より中高年のひきこもりのほうが圧倒的に多い。

２０１９年、中高年による殺人事件が立て続けに起き、ニュースなどで「８０５０問題」が話題になった。８０５０問題とは、80代の親とひきこもり状態にある50代の子の世帯が抱える問題のことだ。

この問題でクローズアップされるのは、無収入世帯の困窮ぶりや、公的支援が受けられないことによる親子の死。これは、日本が抱える深刻な社会問題なのである。

■ひきこもっていないのにミッドライフ・クライシスが襲ってくる

今、**中高年のひきこもりとは異なるもう一つの8050問題**が深刻化している。

ライフサイクルの多様化によって、40代になって未婚でいることが決して不自然ではない時代になった。推測値ではあるが、2030年には男性の3人に1人、女性の4人に1人が生涯未婚と予想されている。

晩婚化の流れに身を任せ、ついつい仕事に没頭してしまったり、背負っている仕事への責任感の強さから、自分の時間をつくることができず、愛する人を見つけられない。40代になって急に焦り出すものの、歳を取るにつれて人を見る目も厳しくなり、なかなか自分のメガネにかなった相手を見つけられない。そんな中高年が今、確実に増えている。

50歳になっても独身の人達は、80歳の親の介護を、仕事をしながら一人でこなさなければならない。体力が落ちてきた中での仕事と介護の両立は、肉体的にも精神的にもきつく、当然、自分一人のゆとりのある時間なんてつくることができない。とんでもなく大変な状況なのだ。

■助けを求めることを躊躇しない

未婚が原因で50代の子が80代の親を一人で面倒を見るというのは、当事者にとって非常に危機的状況であり、社会全体で取り組むべき問題と言える。

ひきこもりとは別の次元の「新8050問題」、注意しよう。

こういう事態に至った時、悩んだ末に介護離職をしてしまう人もいるが、昨今の中年の就活状況の厳しさを考えると、親の介護のために仕事を辞めることを安直に選択しないほうがいい。親が亡くなり介護が終わって、いざ就職を探しても、なかなか自分の心が満足するような仕事に就けないことのほうがほとんどだからだ。

介護で疲れ果てた。自分の希望にあった仕事に就くことができない……。こんな**心のアンバランスの中でミッドライフ・クライシスは起こりやすい。**

だから、仕事は辞めないほうがいい。どうしても仕事との両立が難しい時は、社会的なサービスを上手に活用して欲しい。親の介護は100パーセントの満足な方法でないにしても、人の手を借りることで、まずは自分に襲いかかる危機を乗り越えることのほうが大切だ。

がんばり過ぎず、ほどほどに。まずは自分を幸せにしよう。

第3章

家族、友人、パートナー…人間関係の〝欠落〟とどう向き合うか

――やがておとずれる〝虚無〟について

「私は生まれてこないほうがよかった」を乗り越える

■私は恵まれていないと嘆き苦しむ人々

アラフォーの人達の声がネット上に溢れている。

結婚できないことの辛さを嘆く人。とんでもない結婚をしてしまい、後悔している人。子育て中の人が、子どものいない人を羨ましがっているコメントがある。その一方で、子どもがいる人のことを羨ましがり、自分の人生を肯定できない人達もいる。

中には生まれて来ないほうがよかったとか、自分が今までこんなに苦しい人生を生きてきたのだから、子どもを産まないほうがいいのではと考えている声も聞こえてくる。

「反出生主義」という哲学を意識している人さえいる。哲学者デイヴィッド・ベネターは２００６年に「生まれてこないほうが良かった」という哲学的思想を発表した。

■誰のため、何のために生きるか

ぼくは太宰治が好きだ。彼の作品を何度も繰り返し読んでいる。

太宰治の代表作の一つに挙げられる『人間失格』は、現代人の精神の苦悩を見事に表しきっている作品だ。

主人公は、道化になることで周囲との距離を微妙に保っていた。自分の本性が見透かされるのではないかと内心は冷や冷やしながら、表では絶えず笑顔を作って、道化役を演じていた。

「恥の多い生涯を送って来ました。自分には、人間の生活というものが、見当つかないのです」

こんな書き出しではじまる『人間失格』を書いてから1週間後、太宰は38歳という年に自らの命を絶った。

彼の生き方や作品から、反出生主義の匂いを感じ取る人もいるかもしれない。しかし、ぼくはちょっと違うのではないか、と考えている。

『人間失格』は『展望』という雑誌で3回にわたって発表されることが決まっていた。第1回が発表されると、読者にもしかしたら作者の太宰は死を意識して書いているのではないかと思わせた。

第2回、第3回と読者達は首を長くして待った。太宰からしてみれば、そのあたりの読者の反応はすべて織り込みずみだっただろう。

そして第2回が発表される直前に彼は入水自殺をした。

死を目前にした太宰の行動からその心の動きをたどっていくと、「反出生主義」というより、作家として生き切ることを選んだのではないか、と思えてならない。

■文豪にもあった40歳の壁

32歳になろうとする太宰は子宝にも恵まれ、作風も明るく、少なからず人生に希望を感じていたように思う。

それから約7年後、あと1週間で39歳というタイミングで彼は自ら命を絶ってしまった。彼もミッドライフ・クライシスだったのだろう。いまだに愛され続ける人気作家ももしかしたらミッドライフ・クライシスを乗り切れなかったのかもしれない。

反出生主義なんかに負けないで、時々でもいいから、自分が生まれてきてよかったと思える人生を歩もうとぼくは決めた。

自分だけではなく、自分が接する人達にも生まれてきてよかったとか、いい人生だったとか思ってもらえるように、やれる範囲のことを全力でやる生き方をしようと覚悟を決めた。

緩和ケア病棟の回診をしている。死の告知を受けている人達に「どんな人生でしたか」とよく聞く。

「大変だったけど、おもしろかった」「苦労、苦労の連続。でもいい人生だったよ」

こうやって人生を肯定できる人は強い。最後までその人らしく生きる。「さよなら」「ありがとう」の言葉は残された人に生きる勇気を与える。こうやって希望のバトンタッチが行われる。

長い人生の歩みの中で、「生きる価値を見出せない」と思う日もきっとあるだろう。たまにでもいい。「今日はいい一日だ」と思える日にスポットライトを当てることで、一歩一歩、人生が輝きだすのだと思う。

厄介な隣人を反面教師にして「新しい人間」を目指す

■生き方のクセを見つめ直す

40年、50年と生きてくると、生き方のクセがどうしても出てくる。ここで一回自分自身を客観的に見て、少しでもいいから軌道修正をすることが大事だ。

中には困った〝おっさん病〟や〝おばさん病〟になっている人がいる。

もちろん、この本の読者はそれほどの「病気」になっていないとは思うが、一回自分を見つめ直して、その傾向が少しでもないかチェックをして欲しい。

・何でも根性症候群

今までなんとなくがんばってきてそれなりに小さな成功も収めた。その自信を支えているのが〝根性〟だけという人がいる。そんな人は結構面倒くさくて厄介な人種だ。

根性だけで生き続けていると、いつか限界がやってくる。その限界が来た瞬間、自分というものを見失ってしまう人も少なくない。

時々「がんばらない」生き方をあえてしてみるといい。ぼくはそうやって生きてきた。

・協調欠落症候群

みんなで議論してやっとある方向へ決まりそうになると突然ちゃぶ台返しをする人がいる。彼らは、他人の大切な時間を奪っていることにすら気づいていない。

生き死にに関係するほど大事なこと以外は、なんとかやっと決まったら「まあいいか」と思うのがかっこいい中年の生き方だとぼくは思う。

・何でもマニュアル症候群

これもかなり厄介な病気だ。ミッドライフ・クライシスを上手に乗り越えて、これからの自分の人生を面白く豊かに生き続けるためには、マニュアルに拘束され過ぎず、ゆるいくらいがちょうどいい。

・視野狭窄症候群

中年にもなると、視野がコチコチに凝り固まってくる。中年からの人生を考えるうえでも、もう一回視野をウンと広げて、世界を見つめ直してみることが大切だ。

たとえば、政治の志向でも視野を広げて考えてみるといい。

リベラルな人は、左らしくない左、ちょっと〝右的〟な要素も受け入れられるような視野の広さが必要だ。

政治的思考が保守的な人は右らしくない右、国が大事というのを一番にしながら、個人の自由を大切にすることに少しシンパサイズしてみよう。

こうやって視野を広げてみると、視野狭窄《きょうさく》症候群が治っていく。

アメリカのように激しい分断にしないことが大事だ。

・過剰節約病と浪費症候群

どっちも厄介で難病の一種だ。

どちらも身を滅ぼす。中年期からは節約だけでは魅力的な大人になれない。自分の魅力を再構築していくのに少しお金をかける必要がある。節約だけが人生ではないだろう。

でも、浪費が酷《ひど》ければ、中年から中高年を生き抜いていくのがとても難しくなっていく。この間のバランスをとることが大事だと思う。


〝おっさん病〟や〝おばさん病〟にならないように一度自分自身で健康診断をして欲しい。

自分にとって本当に大切なものをもう一度見直してみる

■価値が大転換する時代

この本は中年に入った人に読んでもらいたい。その前段階の35歳くらいから、上は70歳くらいの人を意識して書いている。

ぼくは73歳になり、だいぶ死が近づいて来ている。みなさんより少し長く生きている人間として、**「何が最後に大切になってくるかな」**と考えた。

今、**価値大転換時代がやってきている。**モノよりも心、お金よりも芸術・文化。

そんな時代の流れの中で、20年後、30年後の自分にとって何が大切なのか考えてみて欲しい。自分にとっての大切なものベスト7というのを考えてみたらどうだろう。

■73歳のぼくは、1位が好きな人、2位が友……

好きな人はもちろん家族でもいい。家族以外にも初恋の人をずっと好きな人と思い続けていても構わない。

ミッドライフ・クライシスを乗り越えていくには好きな人がいることはとても大事だ。

そして、友達。困った時に支えてくれる友達も大事だが、**「コイツのためなら何でもしてあげられる」と思える友達が一人でもいるといいなと思っている。**もちろん、ぼくにもそういう友が何人かいる。

■人は思い出の中で生きるもの

3番目に大切だと思うのは「思い出」。**人間は思い出の中で生きている。**いい思い出をいっぱい持っておきたい。ミッドライフ・クライシスを乗り越えて、中年期にたくさんのいい思い出になるようなことをしていくことが大事なんだと改めて思う。**人を好きになることでもいい。仕事のうえで成果を出すことでもいい。どこかに旅をすることでもいい。**

いつかぼく達は死んでいく。必ず死がやって来る。その時、いい思い出があることとは大事なことだ。

■自分の人生に大切な一冊の本と一つの映画

４位は、「本と絵本と映画」。これらはぼくにとってとても大切なものである。

２０２０年11月に『鎌田實の人生図書館』（マガジンハウス）という本を書いた。大好きな本とぼくの人生に影響を与えた映画とぼくがのめり込んでいる絵本、４１２点について書いた。ぼくの血となり肉となった作品ばかりだ。

いつも自分にとっての大切な一冊、好きな映画を一本、そういうのを持っているとミッドライフ・クライシスを乗り越える力になってくれる。

テニス界の妖精マリア・シャラポワは好きな映画を聞かれ、『恋愛適齢期』と答えた。ジャック・ニコルソンとダイアン・キートン主演の熟年ラブコメディ。いい映画。若くて美人アスリートのシャラポワがこれか。このまさか、がいいのだ。こうやって中年へ向かって準備が始まっている。アスリートをやめても「稼ぐ力」を貯えているように思う。同じインタビューで「お気に入りの本は？」と聞かれ、ヴィクトール・フランクルの『夜と霧』と答えている。まったく、惚れ惚れしてしまう。

好きな本や映画が自分自身のコマーシャルになる。

ぼくの実体験からお話しすると、本や映画はミッドライフ・クライシスを遠ざける良薬だ。ミッドライフ・クライシスに陥っていた当時、睡眠時間は4時間半でとにかく仕事をよくやっていたと思う。

一方で、この時期から映画や本と向き合う時間も多く設けた。ぼくは絵本が大好きなのだが、絵本を読み始めるようになったのもこの時期のことだ。大学時代に好きだった映画も、この時期を境にふたたびのめり込むようになった。

ぼくが本や映画をおすすめする理由はいくつかある。ひとつは、人生の再定義をするうえで手助けしてくれる重要な要素が詰まっているからだ。

ただ、それよりもぼくが本や映画に期待していることは、そのエンタメ性にある。

本や映画に没頭している時間は何も考えなくていい。嫌なことだって忘れられる。エンターテインメントの世界はじつに平和だ。

だから、ちょっと心が疲れたなと思った時は、強引にでも本や映画と向き合う時間をつくって欲しい。

■ミッドライフ・クライシスの予防線は「筋肉」

５番目は「筋肉」。73年間生きてきて、やっぱり筋肉が大事だということに気がついた。だから中年の人達には、ぜひ**筋肉に目覚めてもらいたい**と思う。

特に心がへたりそうになった時、心の持ち方を変えてマインドコントロールしようと思っても、それだけでは、なかなかうまくいかないものだ。

そんな時は体を動かしてみるといい。そうすると、不思議と疲れた心がリフレッシュされていく。ミッドライフ・クライシスを乗り越えるには筋肉が大事だ。

ミッドライフは、心の問題だけでなく、体にも影響を与える。過度のストレスが続くことで、この時期、胃潰瘍や喘息《ぜんそく》、糖尿病を患ってしまうこともある。さらに、ここから、心筋梗塞や脳卒中になる人達もいる。

一方で、身体を整えることで、心の問題を解決することもある。

ぼくは「貯金より〝貯筋〟だと思っている。

中年にとっては貯金も大事だけど、〝貯筋〟を忘れないで欲しい。

スポーツや筋トレで分泌されるテストステロンは生きるために大切なチャレンジングホルモンだ。

ミッドライフ・クライシスによる罠《わな》にひっかかってパニック障害が出た時、心を落ち込んでしまうことがないように、常に身体を動かして汗をかくようにした。

スポーツはもともと好きだったが、基礎体力を鍛えるなんてとんでもなく面倒くさいと思っていた。しかし、ジムに通うようになり、ジムに通えない日はスクワットやかかと落としをしたり、腕立て伏せや腹筋運動などを行ったり……耳の中にはロッキーのテーマ曲を流して自分自身を鼓舞し、筋肉でミッドライフ・クライシスを吹っ飛ばそうと考えた。

■仕事は大事だけれども……

ずっと仕事人間で生きてきたが、それでも年齢とともに段々、もっと大切なものがあることに気がついていく。というわけで、改めて「仕事」の順位を考えると、6位、このあたりか。もちろん、仕事が一番と思っている人が多いのもわかっているつもりだ。仕事を2番手にするかは迷った。

■何かを始めてみるという手もある

7位が「趣味」。ぼくにとって、音楽とスキーはなくてはならない大切なものだ。

じつは、ぼくは80歳になってもジャズのライブハウスに行きたいと思っている。85歳になってもスキーをやりたいと思っている。

ぼくはミッドライフ・クライシスに陥った時期からドラムを叩くようになった。とにかくリズム感が悪かったので、バンド「オールモスト・イルネス（ほとんど病気の意）」のメンバーには迷惑をかけた。ただ、ドラムを叩くことで、ものすごく新しい世界が見えてきたのを今でも覚えている。

NHK総合テレビ『音楽の好きな街』でチェリッシュと共演もした。楽しい思い出だ。

ボランティア活動もぼくにとっては趣味みたいなものだ。2つのNPOの代表をやっていて、毎年活動費を2億円ほど集めないといけない。時々、自分のお金を持ち出したりする。でも人の役に立って楽しい。そろそろ引退を考えている。

もちろん、趣味はなんだっていい。ぼくは『日曜はがんばらない』というラジオ番組を文化放送で持っている。スポンサーはJKAという競輪やオートレースに関連して社会貢献をする財団ということもあって、競輪に詳しくなった。

もし、競輪や麻雀が好きなのであれば、80歳になっても麻雀をしに行ったり競輪場に行ったりすることを自分のなかでイメージしておくことが大切だ。


自分にとって大切なものがあまり思い浮かばなくても気にすることはない。あなたが80歳になるまで、まだまだたっぷり時間があるではないか。

これから何かを始めるということでもまったく構わない。新しく始めてみたいことはないか。何か趣味にできそうなことはないか……**自分の心と対話してみよう。**

大事なのは、落ち込む時間を減らし、ミッドライフ・クライシスを遠ざけること。

ここで紹介したのは、あくまで73歳になったぼくにとって大事な7つ。この本を読んでくれているあなたがぼくの歳になった時、大切なものがそばにあって、幸せを感じてくれているようなら、ぼくもうれしい。

あなたにとって大切なものは何だろう？　ぜひ考えてみて欲しい。

「逃げ」と「新しい挑戦」の線引きなんて曖昧だ

■つまずいたように見えていても

女性芸人で、インテリとして知られている光浦靖子さんが雑誌に寄稿した文章によると、彼女は、２０２０年に入って「つまずいた」。

２０２０年４月からカナダに留学する予定だった。入学金を振り込み、マンションの退出手続きも済ませてしまった。

そんな中、新型コロナウイルスが世界で感染拡大。パンデミックで留学どころではなくなった。

留学は、ミッドライフの中で彼女なりの選択だったのだと思う。

40代に入った頃から仕事がゆるりと減り始めたというのだ。自分では一度も仕事に手を抜いたことはないという。それなのに減ってきた。これはミッドライフ・クライシスの始まりなのかもしれない。


「私は独身です。旦那も、子供も、彼氏もいません。わかりやすく私を必要としてくれる人が側にいません。年齢に比例して増えてゆく休み、そりゃ不安になりますよ。長い夜、思っちゃいますよ。『私は誰にも必要とされていない』と」

■魅力いっぱい

彼女の文章は抜群に面白い。これで生きていけそうな気がする。〝女性芸人エッセイスト〟として今後さらに注目されるだろう。

「大学生の頃、バイトをクビになってばかりでした。ミスしてクビになったのは仕方ないが、ミスしなくてもクビになる。なんでみんな続けられるんだろう。結婚もそう、出産もそう、ほとんどの同級生ができたのに、なんで私にはできないんだろう」

これを書けるって才能だと思う。

「いつも人の目を気にしています。みんなができることができなくて、できないことがバレるのが恥ずかしいから、『元々、人と同じは嫌いなの』風を装っていました。自由奔放に生きるなんて私から最も遠いことです。もうすぐ50歳、もう考え方を変えられるほど柔軟じゃない。だったら、ひん曲がったなりにナチュラルに生きてみよう」

もうのけぞってしまう。50代を〝切ない〟女性芸人としてジタバタしながらそれをエッセイに書いていけば、めちゃくちゃ面白いんじゃないかと思う。

さらに光浦さんはこんな風に続ける。

「マジでやばい！　リアル緊急事態なはずなのに、不思議と心は穏やかです。コロナで留学もできず今は生殺し状態なのに、行動を起こさなくても、決心するだけで心境は変化するようです。相変わらず、金のかからない女です」（以上「文藝春秋」

（２０２０年11月号「巻頭随筆」より）

■**50代が楽しみな人生**

パートナーがいない。子どももいない。誰にも必要とされていない。

一見辛そうに見えるが、じつは身軽であるということはとても魅力だ。**好きなところにいつでも行っていい。好きなことをやっていい。こんな幸せなことはない**はず。

彼女には、客観的に自分自身を見る力がある。これは生きるうえで大きな武器だ。自分をおちょくれるってすごい才能だ。他人をイジるのが上手くても自分がイジられると逆上する人が多い。

光浦さんは自分で自分をイジっている。しかもそのイジり方が見事だ。

光浦さんの文を読んでいて、ここは私も似ていると思うところがある人も多いのではないだろうか。

誰にも必要とされないと自ら言える光浦さんが、どんな風にこれからの50代を生き抜いていくかとても楽しみで目が離せない。そんな人が徐々に多くなっていくのではないだろうか。

そんな光浦さんにこそ、二十数年いまだかつてないブレイクがやってくる可能性もあるように思う。もちろん、何でもアリ。コロナが鎮まったら予定通りカナダに行って、もう日本に帰って来なくたっていい。

あなたは誰よりも身軽なんだから、好きなようにすればいいのだ。**糸の切れた凧《たこ》が中年の輝く星になる**ことだってあるってことを、彼女は目に物を見せることができるような気がする。ものすごく楽しみだ。

「逃げ」のようにみえて、「新しい挑戦」ということがある。
「新しい挑戦」のようで、「逃げ」にしか見えないこともある。
それなら、逃げか、挑戦かなんて、じつはどちらでもいいこと。
自分でこれ、と決めればいい。

第4章

身体の〝下り坂〟と上手につきあうために

——今、あなたの心と身体に起きている変化とは？

どんな状況になっても「幸せ」はあり得る

■自分にとっての幸福とは

人には脳内ホルモンというのがあって、その幸せホルモンが動くと、幸せを感じる。人間の仕組みは不思議だ。このホルモンが分泌されればいいのだ。いつでも幸せを感じることができる。

どんな時に幸せホルモンが動くのか。自分の夢を叶《かな》えたり、出世欲や物欲や性欲を満たすのも幸福の一部かもしれないが、それだけではないようにも感じる。幸福は個人的なものである。言ってみれば〝何でもアリ〟だ。

同じ生活をしていても幸せと思う人と、自分は不幸せと思う人がいる。

■路上生活だって楽しんでしまう

路上文学賞というのがあるのに驚いた。佳作を受賞したKさん。ホームレスとしてプライドを持っている。「プロのホームレス」だというのだ。

ぼくがやっている文化放送の『日曜はがんばらない』でKさんをゲストとしてお迎えした。

アマチュアのホームレスは、本当は自宅を持っているが、それでも炊き出しの列に並んだりする。なんちゃってホームレスなんだ。一方で、プロにはプロ独特のオーラや雰囲気がある。

Kさんは「新宿区役所でシャワーを浴びて、今日は来た」とこざっぱりしていた。**「馬鹿にされて当たり前。でも、馬鹿にする側が果たして幸せかな？」**と思っているという。

ブラック企業で働いたこともあった。「劣悪な職場環境で働き続けるなら、ホームレスのほうがマシだ」と思ったという。

1年ほど前、メールが来た。安アパートに入居したという。働く日も以前より増えたという。清掃の仕事、コロナでも減っていないらしい。

悠々自適、形に拘らず、上手に流れながら無理をせず、自分流の幸せを見事に掴んでいるような気がする。

犯罪に手を染めない。最低限のルールを守る。この2つを拠り所にしているという。

ミッドライフは自由でいい。彼ほどのことができなくても**自由の幅は意外と広いんだよと考えると生きるのがちょっと楽になる**はずだ。

与えられた条件、置かれた環境の中で、どう考え、どう動いたらいいか。彼は幸せのレセプターを増やす方法を体感的に知っている。

そして、**その視線の先には、「自分にとっての幸せ」を見据えている。**

本当にすごいと思う。

幸せのレセプターを増やそう
――幸せになるための４つのコツ

■幸福度の低い国・日本

毎年、国連の関係機関から世界幸福度ランキングが発表される。１人当たりのＧＤＰや社会的支援、健康寿命、人生における選択の自由度、他者への寛容さ、汚職や腐敗のなさなどを数値化したものだ。

２０１８年、日本は54位だった。２０２１年はさらに下がって56位。日本はＧＤＰや健康寿命については決して低くない。社会的支援や自由度もまあまあなのに、幸福度がなかなか上がらない。

日本人の幸福感が少ないのは、セロトニンのレセプターが欧米人に比べて少ないからだという説がある。日本の幸福度を上げていくには、一人ひとりの幸福感をもっと大事にしていく必要があるのではないか。

そこで身体と心の側面から幸福感を高めるために必要な４つのポイントを挙げる。

①セロトニンを増やす

レセプターが少なくとも、セロトニンそのものを増やしてしまえばいい。

うつ病の治療では、脳内のセロトニンの濃度を減らさないようにする薬がよく使われている。そうすると、鬱々とした気分が減っていくからだ。

薬を使わなくても、感動したり、リズミカルな運動をした時に、セロトニンがよく分泌される。『70歳、医師の僕がたどり着いた鎌田式「スクワット」と「かかと落とし」』（集英社）で紹介した**鎌田式のスクワットやかかと落としはこのリズミカルな運動にぴったりだ。**もちろんウォーキングもいい。

②達成感を大事にする

目標を達成すると報酬系の快感ホルモン、ドーパミンが出る。ドーパミンが出ると気持ちよくなり、もっとやる気が出てくる。

コツは実現可能な目標を立てること。いきなりできそうもない目標を立てても大抵は失敗に終わる。**小さな目標達成でも「やったー！」という気持ちになれるようにする**ことが大事だ。

③今の自分を肯定する

故・樹木希林さんと対談したり、交流があった。お家にもお訪ねした。

彼女が乳がんになった時、ぼくに「乳がんになってよかったのよ」と言った。

幸福感の高い人は自分自身や現状を肯定できる人だ。どんなに厳しい現状でも肯定することで、プラスの側面が見えてくる。**自分の人生の価値を自分で握り続けることは幸福感の基本。**そのためには自分の生き方や生きてきた歴史を肯定することが大事と言える。

④睡眠が大事

睡眠は日々の疲れを解消し、健康を維持するうえでは大切だ。そしてストレスを溜め込まず、幸福感を長くキープしていくために、よい睡眠は欠かせない。

朝起きたら太陽の光を浴びて、体内時計をリセットしよう。太陽に当たると、セロトニンが分泌される。

夕方になり太陽の光が弱くなると、メラトニンという睡眠誘導物質が出てくる。

睡眠時間が5時間を下回る生活が続くと、脳卒中や心臓病になる危険性が約2倍になるという報告がある。**できるだけ朝起きて、太陽に当たり、いい睡眠をとる**ことが大切だ。

ここでまとめておこう。

感動体験やリズミカルな運動などによってセロトニンを増やすこと。

小さなことでもいいので、自分の達成感を大事にすること。

自分という存在を前向きに捉え直すこと。

夜しっかり寝て、朝きちんと起きること。

この4つのことを意識することでセロトニンを増やし、ミッドライフ・クライシスを乗り越えていって欲しい。

「自分は幸せではない」とただ嘆いても、幸せは永遠にやってこない。ほんの少しの工夫と気持ちの切り替えで、幸せを呼び寄せることができるのだから、人生ってやっぱり楽しい。

文豪・トルストイにこんな言葉がある。

「幸福は、己れ自ら作るものであって、それ以外の幸福はない」

「内分泌至上主義」で〝幸せの感覚〟を記憶しておく

■「快感」で人生を変える

2015年の日本内分泌学会の学術総会で、「内分泌至上主義」をテーマにホルモンについての話があった。脳内神経伝達物質やホルモンが健康に影響を与えていることが少しずつはっきりしてきたのだ。

何か努力をしていい思いをした時、ドーパミンという脳内神経伝達物質が出る。快感ホルモンとも言われている。

それが海馬というところで記憶される。それに近い経験をした時に、さらに高い興奮を感じる。

この快感の記憶があると、何かに挑戦する時にハードルが徐々に厳しくなっても、その快楽が待っていると思えることで、人間は努力ができるようになっていくのだ。

走り続けるとランナーズハイになる原因は、このドーパミンだと言われている。

ミッドライフ・クライシスを乗り越えるのに、このドーパミンを上手に使うといい。

■小さないい経験を積み重ね、それを記憶する

かつてよかった経験、たとえば英語だけはよくできたとか、数学だけはできたとか、運動会で1位になったとか、ビジネスで成功して上司に褒められた時、ドーパミンが出ているはずだ。

そしてそれは記憶されているはず。それを呼び戻していけばいい。

また、小さな目標を立ててそれを達成すると、再びドーパミンが出だしてくる。ドーパミンが出れば快感を覚えるのだ。この繰り返しが大事だ。

快感ホルモンのドーパミンを上手に利用して、中年期を乗り越える。

同時に、自分の人生の後半、新しい成功を勝ち得ることもあるかもしれないし、高齢期に入ったら、逆にいくつもの障害物が出てくるかもしれない。その時に乗り越えていくためには**ドーパミンを上手に利用できるようにしたい。**

その訓練を中年の時からやっておくことが大事なのだ。

■快感ホルモンを出すにはどうしたらいいか

小さな目標を立ててそれを達成して、快楽を経験していくことが大切だ。人生の生き方でもビジネスでも、**小さな成功を収めることでドーパミンを出す習慣がついてくる。**一番手っ取り早いのは、「健康」だ。

中年になって最近メタボ気味になってきたという時に、目標を設定する。それを達成することで、自分の中にやり切る力があるということを実感したり、自信になったりする。

ある中小企業の社長は、糖尿病にもかかわらず、接待で飲み食いの場が多かった。

コントロールがいつも悪かったのだ。

そのために家族からは「お父さんはだらしない」と信頼を失っていた。社員達からも「社長は自分の健康管理ができない」という風に思われていた。

その社長が本気で運動を始め、カロリーコントロールを成功させた。血糖値、コレステロールのデータがほぼ正常化したのだ。

家族や職場からの信頼が増した。彼の会社の生産性も上がり、利益率も上がった。

中年になったら、ドーパミンを繰り返し出す訓練をしながら、人生に快感を覚えることで、次々に生じてくるハードルを突破していくことが大事だ。

■依存症に注意

安易に快感を得ようとすると、お酒に走ったり、薬物やギャンブルに走ったり、異性に溺れたりする。これらによってもドーパミンが出る。

ただ、**アルコールで快感を得るよりも、ビジネスや生き方、自分の健康を達成していく時に出る快感ホルモンのほうがかっこいい**に決まっている。

アルコール依存症は107万人と言われている。ニコチン依存症は980万人と言われている。確かに、快感という経験が脳に記憶され、タバコを吸うと15秒くらいで快感回路の報酬系が働き出す。タイガー・ウッズはセックス依存症でミッドライフ・クライシスに陥ったという。そこから立ち直ったのはすごい。アルコールも同じ。気をつけよう。

■快感回路の報酬系を上手に使って子どもを育てる

太っている人は、脳内からドーパミンが出にくいというデータもある。出にくいからたくさん食べないと満足感が出ない。快楽回路が働かなくなってしまうのだ。この場合、一回この連鎖を遮断して運動し、痩せることによって、快感ホルモンが出やすくなるのだ。

この本を読んでいる方の中にはお子さんがおられる人もいると思う。子どもの成績を上げるのもこの快感ホルモンであることを忘れないようにしたい。

だから、成績の悪かった子どもがいい成績を取った時にはいっぱい褒めてあげて欲しい。子どもが快感を経験することが大事だ。もっと努力するようになっていく。何かを達成すると「ご褒美ホルモン」のドーパミンが出て、人生が少しずつ変わるのだ。

その繰り返しをしていくことで、いい中学に入ったり、いい高校に入ったり、いい大学に入ったりすることができる。

儒学などの精神的な教えだけで人間の生き方を変えるよりも、「内分泌至上主義」でホルモンを上手に分泌していけば、幸せな中年の生き方ができてくる。

次の項でも触れるが、**幸せホルモンのセロトニンや愛情ホルモンと言われているオキシトシンなど、上手にホルモンを意識して中年期を乗り越えることはとても大事なことである。**

しんどさを打ち破る鍵を握るのは「チャレンジングホルモン」

■チャレンジングホルモンで自分の壁を突破する

ぼく達の身体はいくつものホルモンによって調整されている。

幸せホルモンのセロトニンで幸せを感じるし、愛情ホルモンと言われているオキシトシンが分泌されると共感が増したりしていく。

ホルモンによってぼく達は動かされているのだ。

ただ「心」が単独で存在しているのではなく、**身体と心の間にホルモンが分泌されていることをふまえてミッドライフ・クライシスを乗り越えていく**のがいい。

テストステロンというホルモンがある。男性ホルモンの代表格として知られている。男性性器の発育と機能の維持をはじめ、男性らしい筋肉や骨格をつくる役割をしている。中高年男性の悩みである脱毛や薄毛の原因にもなっている。

同時に、チャレンジング精神や競争心、集中力など、リーダーシップに関係する重要なホルモンでもある。

ここが大事なところだ。テストステロンは男性ホルモンと言われているが、女性も10分の１ぐらいは持っていると言われている。

ミッドライフ・クライシスを上手にかわして、この時期に起業する女性が最近多くなっている。そういう女性はチャレンジングホルモンのテストステロンを上手に活性化させて、世の中の壁をぶち壊していると思われる。

一方で、女性ホルモンのエストロゲンを男性が持っていることもわかっている。男性でも女性の半分くらいの量を持っていると言われている。

男性の中にある女性性や女性の中にある男性性、これが結構大事なのだ。

■人生のパワーゲームに負けてはいけない

魅力的でリーダーシップをしっかり取っていく女性は「男前」で、結構男に惚れられる。サッパリしているからいいのだ。

かつて高度経済成長期、テストステロンが旺盛な男性社会だった。だが、それでは人と人との共感的な繋がりが欠如し、生き方に不具合が生じやすくなった。

そこで、優しい男性が求められるようになり、草食化していき、ちょっと度が過ぎるようになったのかもしれない。

今こそ、テストステロンが大事な時代が来たと思える。

■チームワークを支えるホルモン

去勢した犬が電柱にマーキングする回数が減るのは自分のテリトリーを主張する縄張り意識が低下するためだと言われている。

政治家などパワーゲームの世界で生きている人達はテストステロンが強く、チャレンジング精神や競争心が強い。同時に、縄張り意識も強く、派閥を作って、権力を誇示したりする。派閥って、犬のおしっこみたいなものと考えると笑えるけど。

これを単なる負の面と考えないことだ。**ミッドライフ・クライシスを乗り越えるためには、一人ひとりの人生の中のパワーゲームに負けない意識を持つことが大事**である。

面白いのは**人に奢《おご》ってあげるだけでチャレンジングホルモンが増える**というデータが出ていることだ。男女ともに美学としてだけでなく、人にいかにスマートに奢るかというのは大事なことである。

「縄張り意識」を上手に使えばテストステロンはチームプレーに関係する。１つのプロジェクトを推進していくために、戦うチームワークが育成されていく。

ビジネスの世界で、自分が関係している部署で、いい成績を出していくためには、このチャレンジングホルモンが大事。チャレンジングホルモンを多くするには〝貯筋〟だ。筋肉を動かしていると、テストステロンが出てくる。中年になったらとにかく筋肉勝負なのである。

更年期は「野菜」と「たん活」で乗り越える

■ミッドライフ・クライシスを乗り切るために知っておきたい体のこと

女性の更年期障害は有名だ。

45〜55歳くらいの10年間、卵巣の機能が急激に低下するために起きる。イライラや気分のムラなど精神的に不安定な状態が起きやすくなる。

同時に、自律神経のバランスも悪くなり、ホットフラッシュが出てくる。のぼせやほてり、急に汗をかくといった症状が出てくる人もいる。不眠がちになったり、頭痛やめまい、肩こりなども起きてくる。


この時期に、血管がいつも収縮するようになると、血圧が上がってきてしまう人もいる。40代の時に、高血圧を発症させないことも大事だ。

もう一つ大きいのは、ホルモンの影響によって、骨粗しょう症が進みやすくなることである。

さらに、コルステロールが上昇する人も多くなる。更年期を境にして、高脂血症になってしまう人達が女性の半分以上いると考えたほうがいい。この高脂血症が続くことによって、10年後、20年後に脳梗塞や心筋梗塞の原因になってしまうのだ。

■更年期障害は女性だけではない。男性にも起きる

男性ホルモンのテストステロンの分泌が低下すると、加齢男性性腺機能低下症候群という男性の更年期障害になる。ＬＯＨ症候群とも言われている。

具体的には、①太る、②筋肉量の低下、③仕事も趣味も楽しくなくなる、④集中力が低下する、⑤不眠がちといった症状が表れる。

これを機に、肥満や糖尿病、高血圧も起こりやすくなる。精神的にも落ち着かなくなり、元気がなくなり、うつ病と間違えられることもある。

この中年期を上手に乗り越えないと、高血圧や糖尿病、それによって将来、心筋梗塞や脳卒中、認知症などが起こりやすくなる可能性が強いということを意識しておく必要がある。

■大事なのは「野菜」と「たん活」

男性の更年期障害も女性の更年期障害も対処が似ている。

「筋活」と「骨活」をすることだ。

特にこの時期、骨が弱くなっていくので、鎌田式のかかと落としやスクワットはどうしても必要な運動だ。

また、男性も女性も太りやすくなるので、メタボにならないように、食事の注意を始めること。抗酸化力をアップするためには、野菜を1日350グラム摂ろう。野菜の中にあるカリウムは血圧を下げてくれるので、中年期に起きやすい高血圧を予防できる。

同時に、腸の機能がよくなり免疫力を上げてくれる。

中年期に色々な病気にかからないために、しっかり野菜を食べよう。

そして、貯筋をするためには「たん活」、たんぱく質いっぱいの生活も忘れないようにしたい。

この40歳ぐらいから、正しい食事法、減塩をしながら、１日60〜70グラムぐらいのたんぱく質を摂ることを心掛けることが大切である。


ミッドライフ・クライシスを乗り越えるためには、野菜とたんぱく質と筋肉運動が大事なのだ。

人生後半は「ながら運動」で〝貯筋〟を意識する

■鎌田式スーパースクワットとは？

今は大丈夫でも50歳を過ぎていくと、排泄《はいせつ》の問題が生じてくる。

女性の半分くらいはくしゃみなどで軽い尿漏れを起こしたり、男性も前立腺が少しずつ大きくなるために、尿道を圧迫してズボンに尿のシミを作ってしまったりする。

それを将来防ぐためには、40代ぐらいから骨盤底筋群の強化が大事である。そのためにはスクワットをすることで骨盤底筋群を強化することをおすすめしたい。

鎌田おすすめのスクワットは、①反動スクワット、②イスありスクワット、③スロースクワット、④スーパースクワットの4種類だ。

どのスクワットでも共通して気をつけて欲しい事は3つ。まず、背骨を曲げないようにすること。膝を曲げた時、膝が足のつま先より前に出ないようにすること。足裏全体を使って床を踏み締めるように立つイメージを持つこと。

ぼくはこの3つを意識したうえで、1セット10回×1日3セットを日課としている。ここでは、そのうち、骨盤底筋群の強化を狙った「スーパースクワット」を紹介しておこう。

1　両足を肩幅に広げて立つ。そのうえで、手を胸の前で組む。

2　手を胸の前で組んだ状態のまま、膝がつま先より前に出ないギリギリのところまでおしりを落とす。もしこの運動がキツいようなら、左右のつま先を少し外側に広げると、少し楽になる。この時、同時に肛門をお腹のなかに引き込む感じをイメージすると、骨盤の底にある「骨盤底筋」を鍛えることができる。

3　おしりを5センチ上げて5秒数える。1、2、3、4、5。次におしりをさらに

5センチ上げる。5秒数える。おしりをさらに5センチ上げるこの動きを3回繰り返す。おしりを5センチ上げるごとに、骨盤底筋を交互に締める、ゆるめる、締める、ゆるめる。

4 ゆっくり、1の状態にもどろう。

■「ランジ」でインナーマッスルを鍛える

そのうえに、ぼくは「ランジ」というのを行っている。太ももから臀部《でんぶ》の強化をすることで、腹筋や背筋、それから太ももの皮下脂肪を減らして筋肉に変えている。

この運動で筋肉が多くなっていくことによって、筋肉作動性物質「マイオカイン」というのが分泌されるようになる。これは血圧を下げ、血糖値を下げてくれる。将来の糖尿病や高血圧症、脳卒中、心筋梗塞、認知症などを予防するだけでなく、がんのリスクも少し減らしてくれると言われている。インナーマッスルを強化するので体型もよくなる。

人生の後半のために「貯金」も必要だが、それ以上に必要なのは〝貯筋〟ということを意識して欲しい。

ぼくは25歳くらいからスキーを始めたが、50歳ぐらいまで仕事人間で1年に数回滑るのが精一杯だった。

でも、48歳でミッドライフ・クライシスに落ち込んでから、できるだけスキーをする時間を多く取るようにした。そのスキーをやり続けるために、スクワットやかかと落としをやっている。

もう一つおすすめなのが、「ワイドスクワット」だ。これでぼくはメタボが解消された。腹囲が9センチ縮まった。体重も9キロ減った。スーツを作る時に、太ももとヒップも測ってもらったが、両方とも3センチ縮まった。

■40代からオステオカルシンで骨づくり

中年期に入ったら、早めに**「〝貯筋〟生活」を始めることが大切**だ。

かかと落としはもっと簡単。テレビを観ながらとか、仕事に行く時に電車のつり革に掴まった時とか、1日3回10セット、鎌田式のかかと落としをやって欲しい。ぼくの骨密度は、これだけで若年者の130％もある。

1　椅子の背につかまったら背筋を伸ばして立つ。
2　かかとを地面につけたまま、つま先をゆっくり上げる。こうすることで向こう脛の筋肉が強化され、転倒予防になる。
3　つま先を下ろしたら、今度はかかとを少し上げる。
4　背筋を伸ばして、かかとをさらに上げる。この時、ふくらはぎの筋肉を意識するとよい。
5　かかとを床にドーンと落としてもとに戻る。

こうすることで、オステオカルシンというたんぱく質が分泌されて、骨粗しょう症の予防になる。中年の女性にはぜひやってもらいたいと思う。できれば閉経前から始めて欲しい。男性も将来腰痛になりたくなければぜひ始めよう。

仕事から帰ってテレビなどを観ている時に、コマーシャルになったら立ち上がって、テーブルの縁に掴まりながら、かかと落としをするのがいいだろう。リズミカルな運動をすることによって、幸せホルモンのセロトニンが分泌されるので、女性の更年期障害や男性の更年期障害などの予防になる。

高齢になって、背中が曲がるのを防ぐためにも、この時期に骨を強化することは大事だ。

さらに中年になると、毛細血管の血流が悪くなり、ゴースト血管になることがある。これが原因で将来、小さな脳梗塞や認知症が起きると言われている。

そのためにふくらはぎの強化が大事。ふくらはぎは第二の心臓と言われている。この第二の心臓を強化しておくことによって、毛細血管がゴースト化しないで済むので、将来の認知症のリスクを下げてくれる。今からやることを心掛けよう。

■道路、会社、家、電車をジムにしてドローイング

会社に行く時、自宅から駅までの道のりをジムと思って３分早歩き、３分ゆっく

り歩き、その3分ゆっくり歩きの時にドローイングを加えて欲しい。15秒くらいお腹を引っ込ましながら胸いっぱい息を吸う。そして15秒したら息を吐き出し、もとに戻る。また息を吸って、息を吐く。この歩きながらのドローイングによって、側腹筋や腹筋、背筋などが強化されるのだ。

家の中や買い物に行く道路、あるいは会社の中で、**数分だけでいいからジムにいるつもりにしてしまうことが大事**だ。何事も「ながら」で十分。家事をしながら、仕事をしながら、**身体を動かしていくことによって、身体のミッドライフ・クライシスを防いでくれる。**

仕事中も1時間に2分、体を動かすと生産効率が上がると言われている。場所を選ばず、道具も必要ない「スクワット」「かかと落とし」「ランジ」「ドローイング」。ミッドライフ・クライシスを乗り切る最初の一歩として始めてみてはいかがだろうか。

長寿のためには〝腸寿〟が欠かせない

■40歳過ぎたら腸に注目せよ

脳も人生も腸に動かされている。

生命が徐々に進化をしていく時、はじめの原始的な生物は、消化器系が中心だった。脳や心臓よりも、生き物は腸から始まっている。食べ物をとって、エネルギーにして、命を支えてきたのだ。

消化管にある神経細胞が発達して脳になったと言われている。実際に、脳と腸は繋がっている。

幸せホルモンのセロトニンも腸で90％つくられている。このセロトニンが脳で働くことで、幸せを感じるのである。

腸は生物の命の基本だ。

中年まで生きる。40年も生きてくると、腸に疲労が蓄積されていく。

過敏な女性は便秘を起こしやすくなり、過敏な男性は下痢に悩まされる。

人生100年時代、健康で長生きするためには40歳になったら腸に注目することが大事なのだ。

■免疫をボケさせるな

歳を取ると免疫もボケてくる。それによって外から入ってきた細菌やウイルスに対する攻撃方法を忘れてしまう。

免疫をボケさせないためにはどうしたらよいか。

特に肥満や糖尿病は免疫の働きを悪くする。人間の身体は常に新陳代謝をしていて、新しい細胞が作られ、1日に3000～5000個近くの遺伝子がコピーミスでがんになりかかると言われている。

それでも、多くの場合はがんになる手前で防がれる。アポトーシスといって、あらかじめ細胞が生きていけなくする仕組みがプログラムされているからだ。傷ついた細胞を免疫機能が自ら排除している。

人間は60兆個の細胞でできていると言われているが、その細胞をがん化させないためには、免疫細胞の存在は欠かせない。免疫細胞の６割は腸にあると言われている。

人間が生きるうえではこの免疫細胞がとても大事。それが中年になるとボケてくるのだ。

■善玉菌を多くすることが大事

腸内細菌の中でも悪玉菌が窒素ガスやメタンガスを出して有害物質をつくり、大腸がんのリスクを多くするとも言われている。

腸の働きをよくするためには、快食、快便が大事だ。

「女はたまる。男は下る」と言われる。

いい便を出すためにはどうしたらいいか。その鍵は「発酵したもの」と「食物繊維」が握っている。40代になったら意識してヨーグルトや納豆、チーズ、味噌汁など発酵したものと、野菜、きのこ、寒天など食物繊維を摂ることがとても大事だ。

また、アメリカの国立がん研究所ががん予防に効果のある3大食材として、生姜《しょうが》、にんにく、キャベツを推奨している。

トンカツなどを食べる時はできるだけキャベツのおかわりをするようにし、焼肉に行った時はにんにくのオイル焼きを食べるようにしている。生姜は家の食事で常に食べるようにするといいだろう。アディポネクチンという動脈硬化の予防をしたり、肥満を予防してくれるホルモンを増やしてくれるので、生姜をできるだけ上手に食べるのが大切なポイントだ。

細胞の新陳代謝の時、亜鉛が使われる。若々しく居続けるためには亜鉛の多いものを食べておく必要がある。牡蠣《かき》鍋や牡蠣フライ、牡蠣の酢の物など、牡蠣を食べられる時にはできるだけ牡蠣を食べるようにしよう。

そのほかに亜鉛の多いものは、高野豆腐。高野豆腐はたんぱく質のかたまりだ。

中年期の健康を守っていくうえでは牡蠣や高野豆腐はとても大切なのだ。

それに運動も大事。しかし、過激な運動をすると免疫力が落ちると言われているので、中年期になったら週に5日、軽い運動から中等度の運動を繰り返すことで、がんと闘ってくれるＮＫ（ナチュラルキラー）細胞を増やしたり、細菌やウイルスと闘ってくれる免疫グロブリンの抗体を増強することができる。**40歳を過ぎたら軽度から中等度の運動習慣をつくる**ようにしたい。

第5章

それでも希望はやってくる

――ミッドライフ・クライシスをどう乗り越えるか

「世代を超える」と新しい世界が広がっていく

■ジェネラティビティという視点

人間の心は難しい。

住宅ローンを背負って、苦しみながらミッドライフ・クライシスに突入する人がいる一方で、住宅ローンや教育費などを返し終わり、「もう大丈夫、もう清々した」と思った矢先に、逆にミッドライフ・クライシスが忍び寄ってくることもある。

ミッドライフ・クライシスは本当に厄介な相手なのだ。

精神分析家のエリクソンは、「中年期の特徴は、ネガティブな〝停滞〟とポジティブな〝ジェネラティビティ（世代性）〟の2つが拮抗《きっこう》することだ」と言っている。

エリクソンはまず、人生の下り坂の始まりを〝停滞〟として表現をした。

停滞とは、あくまで自分自身の成長がゆっくりとしか伸びなくなる、停滞気味になるということで、すべてが完全に止まることではない。

そのうえでエリクソンは、**中年期においてジェネラティビティ（世代性）が停滞を打ち破る鍵になる**と述べている。

ここで言うジェネラティビティとは、「次世代の価値を生み出す行為に積極的に関わっていくこと」を意味するエリクソンが作った精神分析学上の造語のこと。

エリクソンはジェネラティビティを「次の世代、若い世代」のことだと述べているが、ぼくはジェネラティビティを「世代を超える」と訳し直して理解している。

そのほうがしっくりくるからだ。

自分より下の世代へ橋渡しすることや自分より上の世代に手を差し伸べること

で、自分自身の危機的状況から回避できる。

ほかの世代との関わりがない人は自己満足や自己陶酔に陥り、単なる頑固な中年になってしまう。いわゆる、〝おっさん病〟の人達だ。ウィズコロナの時代、〝自粛警察〟もひょっとしたらこの頑固な中年がその一部を担っているのかもしれない。

ジェネラティビティは、心の老化を防ぐ鍵になりそうだ。

■ぼくのミッドライフ・クライシスを救ったモノ

ぼく自身の経験を振り返ってもジェネラティビティの重要性に気づかされる。

たとえば、障害を持った人達200人ほどを連れてハワイや台湾など海外旅行や温泉旅行に行ったり、イラクやチェルノブイリの子どもの医療支援をしてきたことは、誰かのためにやっていたのは紛れもない事実だ。

ただ、**違う世代への橋渡しという行為を通じて、ひょっとしたらぼくのミッドライフ・クライシスを救っていたのかもしれない。**

当時はまったく自覚していなかった。ただエリクソンの文献を改めて読んで、そんな気がしている。

ミッドライフ・クライシスは誰でも襲われる。

早い人では35歳からミッドライフ・クライシスに襲われることもある。

日本人の寿命が伸びたから70歳くらいまでをミッドライフ・クライシスの危険を持った世代と考えたほうがいいだろう。

35歳から70歳といったら、**とんでもなく広い範囲にわたって、ミッドライフ・クライシスは罠を張って待っていることになる**のだ。

でも、必要以上に怖がる必要はないと思う。一発逆転のミラクルなんてそうそう起こらないけれど、人生は「下り坂」からが勝負なのだから。

シビアな時代を生き抜くためにどうするか

■思い切って外に飛び出す

日本では非正規雇用が増え続けている。

2020年の労働力調査によると、就業者が6676万人、そのうち非正規雇用者は2090万人にのぼる。働く人の3割以上が非正規雇用になっており、賃金格差が起こりやすい。また、突然の雇い止めなど、仕事を持ち続けることの安定性に欠ける面が多い。

こういう労働形態で働いていると、当然、ミッドライフ・クライシスが起きる確率が高くなる。職の不安定によって心の不安定さが増すためである。もちろん、恵まれた状況のなかで、仕事をしてきた人達もミッドライフ・クライシスに襲われる。

時には場所を変えるというのがミッドライフ・クライシスから脱するための一つの方法となる。

海外に行くのは40代でも決して遅くはないように思う。青年だけが荒野を目指すのではなく、中年も荒野を目指していい。ぼくがはじめてチェルノブイリに行ったのは、42歳の時だった。

■ローカリゼーションを意識してみる

アフターコロナの時代に価値観の大転換が起きると思う。グローバル化で富の格差が大きく広がった。しかし、アフターコロナの時代は、これに対する〝ゆり戻し〟でグローバルな時代からローカルな時代に、そして、モノやカネよりも、文化や心が大切とされるようになると思う。

たとえば、アメリカ・デトロイトの工場跡地では農業が盛んに行われるようになった。「アーバン・ファーム（都市農業）」と呼ばれている。

また、子どもが少なくなった地域では、廃校になった学校の校庭を使って「食べられる校庭」を作るというのがムーブメントになりつつある。世界的に有名なシェフのアリス・ウォータースは、コンクリートの歩道を剥がして畑にし、その畑で作られた野菜を使って子ども達に食育プロジェクトを行っている。

■大都市から地方への分散力が問われる時代

そういう社会の大きな流れがある中で、新型コロナによって都会の密集のリスクが感染症に弱いことがわかり、地方へ脱出する人達も増えている。

ぼくの住んでいる長野県茅野市では、「八ヶ岳マーチャンダイジングプロジェクト」がスタートし始め、〝若者に選ばれる街〟になるべく、さまざまな取り組みをしている。

このプロジェクトでは、移住者が移住しやすいように、空き家を探したり、仕事口を探したり、市役所に移住推進課を設置し、見学ツアーを行ったり、移住体験住宅なども用意されている。

■40代の移住者の増加

以前は定年退職組が多かったが、最近では40代の働き盛りの人達が移住に興味を持ちだしているという。中年に差し掛かって、どんな生き方が自分に合っているか、多くの人が考え始めているからではないかと思う。

茅野市では、まず交流人口や関係人口の増加を目標に、移住者が移住前に、繰り返し遊びに来たりするような関係から自然にいい関係ができることを考えているようだ。

こういう制度を上手に活用し、外国や国内のどこかに移住することもミッドライフ・クライシスの一つの解決策のように思う。

ミッドライフは新しい世界とつながり始めてみよう

■自分のポジションを全うする

近年はワークライフバランスなんて言葉も耳にするようになった。
それでも20代や30代の若い頃は、仕事一筋でがむしゃらに働いてきた人も多いと思う。社内でも順調に昇進を重ね、傍からみても順風満帆のサラリーマン人生を送ってきた。

じつは、そんな人に限って、ミッドライフ・クライシスに陥るリスクが高い。特に、仕事において限界を痛感してしまった瞬間がいちばん危ないのだ。

限界に気づいた時、得体の知れない不安や恐怖がやってくる。何をやっても気が晴れない。今までやりがいを感じていた仕事に疑問を感じ、違和感を覚える。

そんな鬱々とした日々を抜け出すには、自分の与えられたポジションを全うするのがいい。

■面白い部長や課長になってみる

たとえば、あなたのキャリアの頂上が部長だとしよう。部長になった瞬間、多くの人が心のどこかでクロージングに入ってしまう。

でもちょっと待って欲しい。部長になっても毎日を面白くする方法はたくさんあるはずだ。

たとえば、「もうひと暴れしてやろう」「後輩を育てて会社に貢献してやる！」「退職した後も名が残るような部長になってやる」など、部長というポジションを楽しむ方法はいくらでもある。

たとえば、課長で終わりそうになったとしても、項垂《うなだ》れることはない。「会社で語り継がれるようなレジェンドの課長になる」「会社の幹部が課長のままで置いたことを後悔するような課長になってみる」など、できることは山ほどある。最後にもう1階級昇進ってことだってあるだろうし、輝くような課長職を演じているうちに噂となってヘッドハンティングがやって来るかもしれない。
とにかく自分のポジションを全うすることが大事だ。

自分のポジションを全うし、自分なりに新しい目標を立てる。新しい目標は近くに見えていた限界を霞《かす》ませる。

こうしてミッドライフ・クライシスは遠のくのだ。

■地域と繋がってみる

「あなたは仕事以外の人間関係をどれだけ持っているか？」

この質問を聞いてハッとする人も多いかもしれない。特に、仕事一筋で生きてきた人の中には、毎日職場と自宅の往復で、友達とＳＮＳでつながっている程度なんて人も多いのではないだろうか。

仕事以外につき合いのない人が仕事のストレスでミッドライフ・クライシスに陥ると、ドミノ倒しのように押し寄せる不安や恐怖に対処できず、その症状を悪化させる場合が多い。

そこで、地域のお祭りや催し物に積極的に参加して、仕事とは全く関係のない人間関係を構築することをおすすめしたい。

もちろん、昔からの友達と再び繋がってもいいのだが、40～60代という人生の中盤で、あえて新たな人間関係をつくることに意味がある。あなたの存在意義を再定義するきっかけになるからだ。

新しい世界と繋がると人生の後半戦が面白くなる。

何より今は、人生100年時代と言われ、会社を離れてからも30年くらいの人生が待っている。あなたを支えてくれる人が近くにいるということを心に留めておくだけで、将来の不安も軽減できるだろう。新しい人間関係は、一石二鳥の存在なのだ。

一方で、心が弱っている時に距離を置きたいのがSNSだ。SNSは発信者の〝いい面〟だけが切り取られていることが多い。裏を返せば、同世代の充実した生活を見て、ついつい自分と比較し、劣等感に苛まれる。そんな危険性をはらんでいることが多い。

毎日SNSを見る習慣がある人は、見ない日を設けるなど、SNSから流れてくる情報を、あえて受け取らない工夫をぜひしてみて欲しい。

スルーライフを忘れないで。

ミッドライフ・クライシスを使って「人生二毛作」にする

■誰かのために生きる

ミッドライフ・クライシスは、エリクソンの言葉を借りれば、人生の停滞だ。中年期にもなると、自分を満たすだけでは満足できなくなる。人間とはそういう生き物だと認識しなければならない。

この心の違和感を消し去るにはジェネラティビティ、誰かのために役に立っているという意識が重要だ。

これまでの人生で身につけたことを若い世代に伝えていき、自分の存在意義を再定義する。これもまた人間の本能であり、誰かのために生きることで、中年期の停

滞を打ち破ることができるのだ。

ぼくは、障害を持った人達を連れて温泉旅行に行ったり、海外に何度も足を運んだ。チェルノブイリの放射能汚染地域へ子ども達の医療支援にも行った。

48歳の時にパニック障害になったのは天からの警告のように思えた。

「いつまで仕事中毒の生活を続けるんだ?」そんな声が聞こえたような気がする。

突然理由なく頻脈発作に襲われた。夜中も眠れなくなった。ふといてもたってもいられなくなって、夜中に外へ出て散歩したこともあった。

■感性をシゲキする時間をつくった

学生時代に夢中だった唐十郎のテント芝居をまた観に行くようになった。ジャズが大好きだ。ジャズのライブハウスにも行くようになった。そうやって自分のミッドライフ・クライシスを微調整していた。

パニック障害は薬の効果もあって半年ほどで治まってきた。

諏訪中央病院は公立病院で、最高責任者は茅野市長。52歳の時から市長さんに毎年、退職のお願いを始めた。市長の許可はなかなか下りなかった。「鎌田がいなければ病院はやっていけない」と市長さんに説得された。結局、新しい院長を置いてくれて、そのうえにぼくが病院管理者になるように条例を改正してくれた。

新しい人生を生きたいという想いは、40代後半からずっと一貫していた。


人生は二毛作。

1回だけの人生を2回楽しめるように生きてみたい。

ミッドライフ・クライシスはそのチャンスを与えてくれたのだ。


決定的なことが起きた。イラクの支援をしていたのだが、その頃イラクではテロリストが暴れ始めた。そこの難民キャンプに行って、ぼくが拉致されたら病院に迷惑をかけてしまう。「辞めるしかない」と決断ができた。

病院を辞めてからは、チェルノブイリの放射能汚染地域の子ども達を助けるための団体・ＪＣＦを30年、そしてイラクや難民キャンプの子ども達を助けるための団体・JIM-NETを15年、2つのNPOの代表を務めてきた。

一番のきっかけは、やはり誰かのために生きたいという想い。それがぼくの背中を押してくれた。それからの月日も長くなった。長くなったらチェンジが必要。次の世代にバトンタッチする時期が来ているように思う。


ふりかえると、ミッドライフ・クライシスという言葉を知った瞬間、**ぼくが誰かのために行ってきた行為は、巡りめぐって自分の心を救っていた**のだと納得している。

人生はうまくできている。巡りめぐるのだ。

ミッドライフになったらまず、1%誰かのために生き始めたらいい。クライシスが起きにくくなるだろう。

自律神経を整えて強い心と身体をつくれ

■心が強いと思っていたぼくもパニック障害になった

ぼくは48歳の頃、パニック発作に襲われた。

当時、患者さんを実際に診るのが好きだった。院長をしながら、往診も続けた。往診の途中で突然動悸が激しくなり、冷や汗が出て、突然胸が苦しくなった。

「あまり気がすすまないな」「嫌だな」とどこかで思っている県の保険審査の会議などに出ていると、この動悸発作に襲われた。

自律神経の乱れだ。自律神経は全身に張り巡らされており、心臓や血管、胃腸、ホルモンの分泌、汗腺などに意思とは関係なく、生命活動を保つために働いている。

活発に活動する時には交感神経が優位に働き、リラックスする時には副交感神経が優位になる。そうすることでバランスを取っているのだ。

中年になった時、このバランスが不安定になる。ホルモンの影響が関係していて、更年期に多くなる。

だるい、頭が重い、手足の痺《しび》れや痛み、腰痛、肩こり、下痢や便秘、動悸、血圧上昇、立ちくらみ、不安やイライラ、これがいわゆる自律神経失調症の症状だ。

■免疫力にも関係している

自律神経は免疫機能にもかかわっている。

がんばる交感神経が刺激されると、細菌と闘ってくれる顆粒球が増え、風邪や肺炎になりにくくしてくれる。

がんばらない副交感神経が働くと、リンパ球を増やし、ウイルスに対する抗体を作り、排除する働きをしてくれる。同時に、自然免疫の一種でがん細胞を攻撃してくれるＮＫ細胞ががんを予防してくれるのだ。

新型コロナウイルスとの闘い中でも、上手に副交感神経の時間をとることがとても大切だ。イライラや怒りっぽくなって交感神経優位にしないことも大事なのだ。

中年になると、仕事の責任が重くなっていく。結果として交感神経支配に偏って、がんばり過ぎることになる。だからぼくは、52歳の時、『がんばらない』（集英社）という本を書いた。ベストセラーになった。

がんばり過ぎると、顆粒球が発生する活性酸素が悪さをしたり、リンパ球の働きを抑えるため、がんが発生しやすくなったり、血圧を上げたりするのだ。

■副交感神経を刺激するためには「がんばらない」という精神が大事

後に厚生労働省の事務次官に抜擢された村木厚子さんは、54歳の頃、いわゆる「郵便不正事件」に巻き込まれた。主任検事の誤認逮捕によって自由を奪われ、5カ月間勾留された。

その後彼女にまったく問題がないことがわかり、彼女は官僚としての最高位の次官まで昇進したのだ。

ぼくは、NPO「がんばらない介護生活を考える会」というのを作って、毎年新しい介護技術の講演会を東京で行っているが、厚生労働省が後援をしてくれている。村木さんが挨拶にやってきてくれた。

5カ月間自由を奪われている間、ぼくの『がんばらない』を読んだという。

東京地検特捜部の辣腕検事だった田中森一さんという人がいる。その半生を綴った『反転―闇社会の守護神と呼ばれて』(幻冬舎)はベストセラーになったのでご存じの方も多いだろう。

彼はバブル全盛期、検事から弁護士へと転身。アウトローの顧問弁護士となり、〝闇社会の守護神〟とまで呼ばれるようになる。かつての特捜部の仲間と敵味方にわかれて丁々発止とやり合っていたが、彼自身が逮捕され、刑務所に入ってしまった。

彼は、貧しい中で苦学をして大学に進んだ。そういうこともあったのだろう。獄中で「貧しい子ども達に勉学のチャンスを与えたい」と基金を作り、奨学金制度を作って、多くの子ども達にチャンスを与えようとしていた。

ぼくは、そんな彼の行動を見て、彼と雑誌の対談をしたのだが、なんと彼は刑務所で拘束されている間、『がんばらない』を読んだという。その後、ぼくの本を全部読み切ったという。

ぼくの本の中の「笑うことが大事」と書いてあるところを読み、刑務所内で１人で笑っていると、「笑うな」と監視から注意されたという。腹を抱えて、ぼくは笑ってしまった。そうやって、心が崩れるのを防いでいたのだ。

■ミッドライフ・クライシスからの脱出

「がんばらない」という肩に力を入れない生き方が大事なのだ。

ミッドライフ・クライシスに陥った時、まずは、副交感神経を刺激するためにゆっくり運動をすること。

自律神経と呼吸は密接に関係している。しっかり息を吐かないと、深く吸うことができない。吸うことよりも吐くことを意識することが大事だ。

ぼくは時々、吸う時間の倍になるようにゆっくり吐くことを心掛けている。これで自律神経のバランスがよくなる。

自律神経はライフステージにおいても波がある。

30～50代の働き過ぎ世代では交感神経優位になりがちであり、がんばらない時間を時々つくる60代以降のリタイア世代は、副交感神経に偏りがちになる。60代になったら、むしろがんばったほうがいいかもしれない。


まずは今の自分の生活を見つめ直して偏りを直していこう。

よく働き、よく休む。

このよく休むが大事。


メリハリのある生活を意識しながら交感神経と副交感神経を上手に切り替えて生きる。これこそが中年期の生き方にとって大事なのだ。

第6章

しんどい気分が消える言葉、明日の自分に向き合う言葉

ぼくは、これまでたくさんの「言葉」に出会ってきた。それが、自分の血となり、肉となっている。言葉に勇気をもらい、言葉に救われたことも、一度や二度ではない。

この章では、ミッドライフ・クライシスに直面した時、あなたに寄り添い、力になってくれると思う言葉を紹介する。

もし、今、暗闇のなかで、どちらに進んだらよいのか、考えあぐねているのなら。底知れぬ不安と憂鬱に苛まれているのなら――。

ここで紹介する言葉が、いつかあなたの力になってくれますように。

「いかなる創造活動も、はじめは破壊活動だ」

ピカソの言葉。

ぼくはピカソの絵が好き。彼の生き方もとても好きだ。

ピカソの『ゲルニカ』を観たくて、マドリードの美術館に行ったこともある。

1937年4月、北スペインのバスク地方にあるゲルニカという町がナチス・ドイツによって人類史上初めてと言われている無差別の空爆を受けた。この爆撃で、たくさんの女性や子どもが死んだ。

ピカソは、パリ万国博覧会のためにパビリオンの壁画としてゲルニカの大作を1カ月で描き上げ発表した。

絵を通じて、戦争の残虐さを訴えている。


「冒険こそが、私の存在理由である」

評価の高い画風の絵を、批判を怖がらずに次々に描いていった。

ピカソはつき合う女性の影響を受けながら、青の時代の作品を描いたり、キュビズムの新しい絵を描いたり、次々に画風を変えながら、新しい時代を切り開いていった。

穏やかに丁寧に生きてきたのにもかかわらず、このところ人生のリズムがうまくいかないなんて人は、ピカソのように何かをぶち壊してみたらいいかもしれない。

冒険こそが人生。

一回だけの人生なのだから、中年期に自分が存在する証、存在理由を明確にするため、人生に一回くらい大胆なことをしてもいいように思う。

まずは壊すことから始めてみてはどうだろうか。

「はっきり言ってくれればよかったのに」

旅芸人マルガリータの言葉。

貧しい画家が街中の花を買い占めて、一目ぼれした旅芸人マルガリータが泊まっているホテルの前の道や広場に花を埋め尽くした。貧しい画家の名は、ニコ・ピロスマニ。この逸話は、加藤登紀子さんが歌う『百万本のバラ』として日本でもおなじみだ。

ぼくは、チェルノブイリの放射能汚染地域に医師団を102回送り込んだ。汚染地域ベラルーシ共和国の草原を車で移動する時、よくみんなで『百万本のバラ』を歌った。マイクロバスに同乗している運転手や通訳がびっくり。なぜ、ロシアの歌を日本人が知っているんだ。

この曲の成り立ちは少々複雑だ。ラトビアの作曲家が作った曲にロシアの詩人アンドレイ・ヴォズネセンスキーが歌詞をつけた。

彼はソ連政府から自由を主張しすぎと批判され、その頃、ソ連邦の中にあって比較的自由だった現在のジョージアに逃げる。そこで画家のニコ・ピロスマニの事を知った。そして『百万本のバラ』ができた。

ピロスマニは一時、雑貨店を開き成功するが、もともと放浪グセがあり、一カ所に居続けられない性格だったようだ。ピロスマニは街中の花をマルガリータに贈ったが、マルガリータはパリに戻った。ピロスマニはその後、雑貨店を売り払い、放浪の画家になり、素晴らしい絵を残す。そして55歳で誰にも看取られず放浪先の地下室で亡くなった。衰弱死だったという。

その後、ピロスマニは有名になり、パリで大きな展覧会が行われた。そこにマルガリータがやって来た。3日間、ピロスマニが描いたマルガリータの肖像画の前で、立ち尽くしたという。その時、言った言葉がこれ。


「死ぬほど好きだと、はっきり言ってくれればよかったのに」

マルガリータは知らなかったという。ピロスマニとの出会いは覚えていたが、そんなに深く愛されているとは思わなかったというのだ。

人間と人間はすれ違う。恋愛でも同性との友情でも家族との人間関係でも、その時その時のシチュエーションでオブラートに包んだり、単刀直入にしたり、想いをどう伝えるかはとても大事なことだ。

ピロスマニにもミッドライフ・クライシスが襲ったのだと思う。55歳で残念な死を迎えたが、芸術家としては十分に自分の人生に納得していたのではないかと思う。ただ1つ残念なことがあるとすれば、一世一代の大きな恋をした時に、はっきり言えなかったことだろう。

「希望がなければ生きられなかった。
でも希望だけでは生き残れなかった。
毎日のささやかな営みを丁寧に続けた人が
生き残った」

アウシュビッツの収容所を訪ねたことがある。ナチスが作った収容所はいくつもあり、当時およそ６００万人近い人が殺されたという。

美しい街・クラクフから車で１時間ほどのところに世界遺産に登録されているアウシュビッツ・ビルケナウ強制・絶滅収容所がある。そこの案内ボランティアから聞いた言葉だ。

当時、希望を持てない人がまず初めに死んでいったという。希望を持った人達はどんなに酷いことをされてもがんばって生き抜いた。

収容所の中では時々デマが飛び交うこともあった。

「連合軍が勝ちだした」

「連合軍が収容所に近づいている」

「自分達は解放される」

しかし1カ月経ち、連合軍が来ないことがわかった。絶望を感じ、強烈な電流が流れる防御壁に自ら身を投げ出して、亡くなっていく人も多かったという。


希望だけでは生きられなかった。

希望ともう一つ大切なものがあった。

それは丁寧な生活をすることだ。


収容所の中では、自分の物はすべて取り上げられ、縦縞のパジャマのような服を着せられていた。収容所周辺は湿地帯だった。朝起きると、その服にこびりついた泥をはらい落として綺麗にし、櫛はないが指で髪を押さえつけ整える。歯ブラシも取り上げられているので、指に水をつけて歯を磨く。拾ったガラスの破片で髭を剃ったりする男達もいたという。

髭がボーボーに生えていようが、生き死には関係ないはずだ。しかし、収容所に入る前の自由な生活の中でしていた丁寧な生活を、当たり前のようにしている人が最後まで生き抜いた。

この話を聞いてぼくは「なるほどな」と思った。

ミッドライフ・クライシスに陥った時、丁寧な生活をしてみるといい。

朝起きたら空を見上げる。風の音を聞いたり、季節の匂いを嗅いだり、お金のない時はご飯と味噌汁だけでいい。お米を丁寧に研いでお米を炊く。一口ずつお米を味わっていく。

希望を持つことと丁寧な生活をしてみる。そのうちに生きる力が湧いてくる。

「1羽の鳥になりきれば、きっと飛べる」

『空の飛びかた』（ゼバスティアン・メッシェンモーザー・作）という絵本の言葉だ。

ぼくは絵本が大好きだ。子どもの時、お金の余裕がなかった。家が貧乏で絵本を買ってもらうことなんてまずなかった。幼少期という大事な時期に絵本を楽しむという行為が欠落していた。

子どもができた後も仕事人間で、絵本を買ってあげたけど、読んであげるほどの心の余裕はなかった。

人生には絵本を読むチャンスが3回あると言われている。

子どもの時、大人になって結婚して子どもができた時、そして、歳を取って人生の色々なことが少しわかるようになった中年の3回だ。中年になると、絵本の奥にある大切な何かを読み取る力が出てくる。

絵本には不思議な力がある。

たとえば、中小企業の社長でいわゆるヤリ手の男が時々絵本を読んでいるだとか、その男が好きな絵本を一冊持っていると聞くだけで、金儲け最優先のように感じていた男の印象が、急に深い何かを持っているような気にさせてくれる。

たとえば、ラーメン屋のオヤジさんが絵本に詳しかったらお洒落《しゃれ》だなと思う。

ぼくは1年に3〜4冊の絵本を買うようにしていて、「鎌田實の大好きな絵本ベスト10」というのをいつも持っている。もちろんベスト10は時々変わる。

「1羽の鳥になりきれば、きっと飛べる」

現在のベスト6位に入っている『空の飛びかた』のなかの言葉だ。この絵本は空から落っこちて来たペンギンと主人公の男が出会う物語である。

「飛べないことぐらい、わたしだって知っていた」

主人公の男がそう言っている。小太りのペンギンが飛べるワケないと思っているのだ。しかしこのペンギンは空から落ちて来た。飛んでいたのだ。

「何で飛べたんだろう?」

その時の言葉だ。

「1羽の鳥になりきってやれば、きっと飛べる、と思いこんだのだ」

飛んでいる途中、他の鳥達に出くわした。すると自分はやっぱり飛ぶようにできていないという思いが頭を擡《もた》げてきた。ここなんだ。

自分で自分を規制してしまう。
自分は飛べるはずがないって。
他人がレッテルを貼るだけでなく、自分でレッテルを貼ってしまうこともある。

ミッドライフ・クライシスを生き抜いていくためには、他人が自分に対してつけてくるレッテルに惑わされてはいけない。自分で自分を規制しないことが大切だ。

「飛べるはずがないんだ」

「飛んでどうするんだ」

そんな声に負けてはいけないのだ。

主人公の男はペンギンを家に連れていき、ご飯を食べさせ、飛ぶ訓練を手伝う。飛べないペンギンと図書館に行って、文献的考察をする。どうやったら肥満気味のペンギンが飛べるだろうかと……何度も挑戦するが飛べない。失敗の連続だ。

諦めかけていた時、ペンギンの群れが頭上を飛んでいった。ちょい太のペンギンは翼をひろげ、「エイッ！」とジャンプをした。すると、ふわり空に舞い上がり、群れの後を追っていった。ペンギンにしては飛び方が上手だった。

こうやってこの物語は終わる。

「何で飛べたんだろう？」

ペンギンの仲間が空を飛んでいたからだ。

そしてこの男との関係も見逃せない。

この物語は、人生において仲間や自分の理解者がいることの重要性を教えてくれている。**仲間や支えてくれる人の存在はミッドライフを生きていくうえでもとても大事**なことだ。

そして自分の意志も大切だということをこのペンギンは教えてくれた。

ペンギンは**「飛べる」という強い意志があったから飛べた**のだ。

この絵本を読んで、ミッドライフを生き抜いていくうえで大切なものが何だかわかったような気がする。

ぜひあなたにとって大切な絵本を1冊選んでみてはどうだろう。

「〝学び直し〟のチャンスを逃すな」

ぼくがいつも自分自身に言い続けている言葉。
39歳で病院の院長になった時と48歳でミッドライフ・クライシスに陥った時、朝4時半に起きて、猛烈に本を読んだ。医学書やビジネス書を横に置いて、特に小説と詩を読んだ。

本は人生を変える。映画は夢や希望を与えてくれる。絵本は心を癒してくれる。

本と映画と絵本。ぼくは、この3つをいつも大事にしてきたが、中年期の大事な時期をとりわけ支えてくれたのは本だ。

リスクコミュニケーション能力は、声、表情、そぶりなど非言語的能力が8割と言われている。言葉をたんなる情報として消費するのではなく、**非言語的なパワーを自分の中にどう作り上げていくかが自分の生き方として大事**だったように思う。

そのうえで、まずは本を読むことをすすめたい。

本を読むことで、具体的な学び直しのきっかけになるし、新しい人生、新しい人間を目指すこともできる。

本を読むことで、非言語的能力が高まり、持っている空気が変わる。

学び直しのチャンスは他にも色々ある。雇用安定と再就職支援をサポートする厚生労働省指定の講座を受講すると、受講費用の一部が補助される。簿記やプログラミング、WEBデザインなどの講座（地域によってない場合もある）があるが、AI、データサイエンスなどもある。看護師や介護福祉士になる場合は、3年で最大168万円が給付される。

こういう支援制度を利用して、学び直しをするのも面白い。

ぼくは病院の最高経営責任者を56歳で辞めたが、その後若いドクターと在宅ケアをやったり、ホスピスの回診をしたことは、自分にとっての学び直しになったと思う。もちろん若いドクターに大切なことを教えることができたと自負しているが、同時に若いドクターから勘や慣れでやって来たことを科学的に見直してもらうことができた。

学び直しのチャンスはいくらでもあるはずだ。それを逃してはいけない。学び直しをバネに新しい人生を始めるのも面白い。

「最も強い者が生き残るのではなく、
最も賢い者が生き延びるのでもない。
唯一生き残ることができるのは、
変化できる者である」

『種の起源』を書いたイギリスの博物学者ダーウィンの言葉だ。

ダーウィンはケンブリッジ大学を卒業すると、１８３１年から１８３６年まで測量船ビーグル号に乗船した。この航海でガラパゴス諸島に行った。

ガラパゴス諸島に好奇心いっぱいのぼくも行った。進化論に登場する動植物が目の前で生きている。ガラパゴス諸島は大小の島が集まっているが、それぞれ距離を保っているために、ゾウガメや陸イグアナ、海イグアナといった生き物達が少しずつ違った形や文様のまま生息している。このガラパゴス諸島で見た動植物の姿に、ダーウィンの心も踊ったことだろう。

ダーウィンは調査をする中でこのガラパゴス諸島に出会い、南米大陸の生物と島の生物は少し違うが元は一緒ではないかという「進化論」の考えに辿り着いた。

また、一つの系統がより高次な形態へと前進するというそれまでの考え方を否定した。ある生き物が他の生き物よりも高等だというのは不合理と考えたのだ。

ここがダーウィンの優れたところだ。強い者や賢い者が生き残るのではなくて、その**環境の中で「変化できる者」が生き残る**というふうに考えたところがすごい。

ウィズコロナの時代は価値大転換の時代である。人と人が接する時間が短くなる、自分ひとりでいる時間が多くなるなど人間関係も変化の時を迎えている。その変わり目の中で自分自身をモデルチェンジさせて欲しい。

アフターコロナへ向かって「新しい自分」を創り出していくことによって生き残っていけると考えると、**新型コロナによるこの時間は絶好のチャンスの訪れ**なのかもしれない。

唯一生き残るのは変化できる者である。忘れないようにしたい。

「それでも人生にイエスという」

ヴィクトール・フランクルの言葉だ。ユダヤ人精神科医のフランクルは、「ユダヤ人である」という理由からナチスの時代に強制収容所へ入れられた。困難の中で生きるとはどういうことかを書いた『夜と霧』は、世界的な名著だ。

フランクルはこんなことを言っている。

「人生のルールは私達にどんなことをしても勝つということを求めていませんが、決して戦いを放棄しないことは求めているはずです」

この言葉はミッドライフ・クライシスの真っ只中にいる中年の背中を押す言葉になると思う。

『夜と霧』の中には、強制収容所で一日の労働を終えたある日の夕方、真っ赤に燃える夕日を見て、誰かが他の人に「世界ってどうしてこう綺麗なんだろう」と語りかける一節がある。

すべてを奪われても何かに感動することができるのが人間の不思議さだ。

これが人間の底力なんだとぼくは思っている。

炊き出しのパンくずを食べている路上生活者が、公園で小鳥にエサをあげ、喜びを感じたりする。不思議な光景だがわかるような気がする。

こういうちょっとした一コマの中に生きる意味が見えてくることがあるから人生は面白いのかもしれない。

困窮、死が近い重い病気、強制収容所の運命の下にあったとしても、人生にイエスということができる。まずこう言ってしまうことが大事なのだと思う。**言い切るところから新しい力が生まれてくる**のだろう。

ミッドライフ・クライシスの中にいて、鬱々とした日々が続いていたとしても、まず人生にイエスと言ってみてはどうだろう。

新しい世界が見えてくるかもしれない。

「『男はせいぜいこの程度よ』という紫式部の声が聞こえてくるような気がする」

これは何度か仕事を一緒にした瀬戸内寂聴さんの言葉だ。

瀬戸内さんは『源氏物語』の現代訳をした。文庫本10巻の長編である。今から1000年前の作品で、『源氏物語』を世界最古の長編小説という人もいる。

紫式部は35歳ぐらいから40代ぐらいまでにこの大長編小説『源氏物語』を書いたと思われる。紫式部は20代後半で晩婚、結婚の翌年に娘を授かった。しかし、夫が結婚から3年後亡くなってしまう。紫式部はシングルマザーとなった。生きるために、一条天皇の妻・彰子の女官になった。彰子は、当時最も権力を握っていた藤原道長の娘だ。

『源氏物語』の主人公・光源氏はとにかく女性を好きになってしまう。御門《みかど》のお后とも情を通じ、子どもが生まれてしまったりする。宮廷ではこういうことがよくあったのだろうと思う。紫式部は噂を小説に書いていったのだ。

自分がシングルマザーとして生きていかざるをえなかった時に、30代半ばで社会に出て、働く女性になった。

当時、枕草子を書いて評判の高かった清少納言に対して、教養をひけらかす女と批判的な感情を持っている。ジェラシーを抱くキャリアウーマン。男社会の時代の中の宮中。女にはそれほどの自由がない、そんな中で紫式部は人間観察の目を光らせながら、目に見えない人間の恋と権力争いを見事に描いた。

１０００年前、寿命が短かった時代、30代半ばで**ミッドライフ・クライシスに陥りながら、働くことと書くことを通して自分を支え続けていた**のではないかと思う。

人間が生きるためには思い出と恋が大事。光源氏の愛の大遍歴を書きながら、「男なんてこんなもん。女はもっと深いわよ」と紫式部は思っていたような気がする。

女性陣、がんばれ。中年期、身体の変化も、社会の目も厳しいかもしれないが、「男はせいぜいこの程度」。負けないで。

「自由に生きろ。俺は何もしてあげられない。あとは自分の責任だ」

育ての親・鎌田岩次郎の言葉だ。

父は小学校しか出ていない。車の運転免許を取って、タクシー運転手として生計を立てていた。母の入院費を稼ぐために朝から晩まで働いた。それなのにいつも生活は苦しく余裕がなかった。生活がやっとのはずなのに、親に捨てられたぼくを、彼は拾って自分の子どもとして大切に育ててくれた。

18歳の夏、大学に行きたいというぼくの言葉に、初め父は拒絶をした。

「貧乏人は働けばいい」というのが彼の口ぐせだった。

「無理するな。誠実に生きれば小学校しか出ていない俺だって生きて来れたぞ」

ぼくはカッとなって父の首を絞めた。自分の思い通りにならなかったからだ。父が泣き出した。びっくりして首を絞めていたぼくの手が緩んだ。しばらく床にへたり込んで二人で泣いた。

その後言った言葉が右の言葉だ。

ぼくは嬉しかった。一人で生きていけるかどうかはわからなかったが、とにかく嬉しかった。今から50年以上前の話だ。

その当時、世界的に有名な哲学者と言えばサルトル。サルトルの言葉にこんな言葉がある。

「人間は自由であり、常に自分自身の選択によって行動をすべきものである」

小学校しか出ていない父親はもちろんサルトルの本なんか読んだことはない。でもその芯にある大事なところは掴んでいたように思う。

この人の息子として生きてこれたことを無駄にしないように、「自由」と「責任」にこだわろうと自分と約束したのである。

「人間は恋と自分革命のために生れて来た」

太宰治の名作『斜陽』の中に、**「人間は恋と革命のために生れて来たのだ」**という有名な言葉がある。

恋はわかる。でも革命は時代にマッチしない。言葉の意味を鎌田流に考えてみた。太宰は戦後の日本社会に対する絶望を感じていた。権力や秩序に抵抗しようと試みるが、現実的には、自分にそのパワーがないことも感じていた。その鬱屈した気持ちは、徹底した自己破壊や自己否定に向かう。

穏やかな家庭や小さな幸福や出世や自己完成なんかくそくらえ――。そんな彼が『斜陽』の中で主人公に言わせた言葉が「人間は恋と革命のために生れて来たのだ」。

ぼくは、この言葉が、喉に引っかかった魚の小骨のようにずっと感じていた。太宰が何を伝えたかったのか、生きるとは何かぼくは考えた。そして自分なりに辿り着いた答えが、「自分革命」。

今ある自分を変えて、新しい人間を目指していく。自分が変わったところで、また時代は変わっていく。常に永久革命が必要になってくる。これが生きるということだと思う。 太宰の言葉をもじって言えばこうなる。

人間は恋と自分革命のために生まれてきた。

リクルートマーケティングパートナーズが20〜49歳の未婚男女２４００人を対象に行った２０１９年の調査によると、男性では73%、女性でも61%が「恋人がいない」と答えている。

さらに驚くことに、20代で4割近い男性が異性とつき合ったことがない、と答えている。

それについての自己分析としては、「出会いがない」とか、「異性に対する魅力に自信がない」とか、「コミュニケーション力に問題がある」とか、「どのように声をかけたらよいかわからない」といった回答が並ぶ。

新しい人間関係を作ることを億劫に感じる気持ちは誰にでもある。年齢を重ねるほど尻込みするし、ミッドライフ・クライシスの渦中であれば、なおさらだ。

それでも、今の〝行き止まり感〟を突破したいのなら、自分革命は有効な手段の一つになるだろう。

自分が変われば、人間関係が変わる。知り合いの輪がひろがり、長くつき合える友達が増え、その新たな人間関係がビジネスを円滑にしたり、さらにその延長線上で出逢った人の中で恋が始まったりする。

恋と自分革命のどちらが欠けても人生は味気ない。ほんの少しでもいいから、昨日の自分から今日の自分に変化を加えて欲しい。ほんの少しの努力で人生は一気に回り出す。

まずは自分革命から始めたらどうだろうか。

「とにかく独立したい。夢と思いつきが勝負」

株式会社エストロラボ（屋号：細穴屋）代表・東山香子さんの言葉。

町工場はおっちゃんの仕事のイメージが強いが、東山さんはあえて金属加工を女性陣でやろうと起業をした。金属加工の現場で働いたのはわずか11カ月だったが、そこの社長に応援してもらって独立をした。とにかく女でも独立できることを見せたかった。夢と思いつきが勝負。

関西で人気の高いラジオ番組『おはようパーソナリティ道上《どうじょう》洋三です』。ぼくはこの道上さんのことが大好きで、道上さんのところから電話がかかってくると、二つ返事で出演させていただいている。

２０２０年12月某日、大阪にある朝日放送のスタジオでお正月番組の収録があり、出演者と１時間半にわたって夢を語り合った。この時初めて東山さんにお会いした。

彼女がエストロラボを経営して14年経つという。細穴放電加工機と呼ばれる工作機械で、金属や部品に最小直径0・1ミリメートルの穴をあける仕事だ。

女性スタッフたちそれぞれが子育てや介護の問題を抱えている。東山さんはそんなスタッフ一人ひとりの事情に合わせて、長く働ける会社を作りたかったという。

初めの1年はとにかく苦労をした。彼女自身、給料が無給という時期も長らく続いた。それでも必死に会社を支えることで、中小企業のおっちゃん達が徐々に興味を持ち始めてくれた。

「意外にやるなぁ」「納期が早いなぁ」

エストロラボは着実に信頼を勝ち得ていった。

ラジオ番組で東山さんと話していて気づいたが、とにかく聞き上手だ。東山さんはその強みを活かして、周囲のさまざまな声をすくい上げている。

あれよあれよという間に取引する企業も1000社を超えた。台湾にも出かけていって、仕事をどんどん拡張していく。

彼女のすごいところは、**とにかく人の役に立ちたいという強い想いを持っている**

こと。そして、その想いを実現するために決断する力をしっかりと持っていることだ。

男性がものを言う業界で30代で起業し、40歳前後まで辛いこともあったというが、どんなに辛いことがあってもギブアップせず14年も続けてきたのだからすごいと思う。

今はテレビ番組『ガイアの夜明け』にも取り上げられ順風満帆である。コロナにも負けていないという。

彼女の生き様を知って、**いい仕事をするためには自分のフィロソフィーを持つことが大事**なんだと改めて思った。

「こだわり」と言い換えてもいい。困っている人は放っておかない。女性が働き続けられる職場にする。こんな「確信」を持っているとぶれないのだ。

「疑問を持たなくてもいい。精神を強くしなくてもいい。しんどくなったら距離を置いてもいい」

アルピニストの野口健さんの言葉だ。

ぼくはさだまさしさんが設立した風に立つライオン基金で「ふんわりチャンポン大作戦」というのを行っている。たくさんの寄付が集まり、介護施設に医師や看護師を派遣したり、医療用のガウンやマスク、アルコール消毒液などを送ったりしながら新型コロナによる介護崩壊を防ごうとしてきた。応援施設は600を超した。

もう一つ、風に立つライオン基金がやっているのが「高校生ボランティア・アワード」。毎年会場で行われているこのイベントも、昨年はコロナのために大人数で集まることができなかった。そこで、ぼくとさださんの二人だけが渋谷のシダックスホールに行き、無観客で、約100の高校とZoomをつなぐことで開催にこぎ着けた。毎年、ボランティアで高校生にエールを送ってくれている湘南乃風・若旦那やもいろクローバーZ、お笑い芸人のテツandトモ達も、今年はリモートでの参加となった。

この日、全国の高校生達にむけて行ったシンポジウムのテーマは、「支援をするとはどういうことなのか」。その時にコメンテーターとして登場してくれたのが野口健さんだ。野口さんもこの企画の趣旨に賛同し、毎年参加してくれている。彼は七大陸最高峰世界最年少登頂記録を樹立した男だ。シンポジウムは、高校生達の質問に答えていく形式で進んだ。

その時、あるひとりの高校生が、「自分の人生に対してタイトルをつけるとしたら、どんなタイトルをつけるか？」と野口さんに質問した。

野口さんの答えは「一歩一歩」。最高峰の山頂を目指す時も、結局は**一歩一歩の積み重ね**ということなんだ。その後に、冒頭の言葉が続いた。

疑問を持たなくてもいい。精神を強くしなくてもいい。しんどくなったら距離を置いてもいい。

「一歩一歩歩く時に疑問を持たなくていい。なんで俺はこんな苦しい想いをして山頂を目指しているんだろうとか考えなくていい」ということのようだ。

さらに野口さんはこう続けた。

「精神を強くしなくてもいい」

これも、なるほどなあと思った。ぼく達は、マジメだから、何をするにしてもついつい精神を強くしなくちゃと思ってしまうのだが、そんな簡単に精神は強くならないということなんだろう。

精神は弱くてもいいんだ。どうしようかと思い悩んだり、疑問を持ったり、目標達成に向けて精神を強く鍛え上げよう、なんて思わずにただただ一歩一歩、歩くことこそが大事、ということを教えられた。さらに、「しんどくなったら距離を置いてもいい」とも。

そうだよなあ、確かに。常に壁をぶち壊そうと思うのではなく、時にはその壁から離れてもいいということだ。ぼくがよく言う**「がんばらない精神」**に似ているなと思った。

心のどこかにがんばらない精神を持っているだけで、昨日まで重かった足取りが軽やかになり毎日が穏やかになる。肩肘張って生きる必要なんてない。

人生はよく山登りにたとえられるが、山登りの達人の言葉は生き方の本質を教えてくれているような気がする。

「無理をする時間と無理をしない時間の間を行ったり来たりして生きてみる」

『だから、あなたも生きぬいて』の作者大平光代さんの言葉。

ぼくはずっと貧乏の中、がんばり続けてきた。子どもの時、ＩＱも低く、頭も悪いと先生に言われた。実の親に捨てられ、養父に育てられた。そんな中で生き抜くためには、「常にいい子でいないといけない」と思って子どもの頃を過ごした。

大人になってからも「人の2倍は努力しないと生き抜けない」と思ってきた。睡眠時間も1日4時間半を40年間以上続けた。そしてぼくはパニック障害になった。

ＮＨＫラジオ『鎌田實　いのちの対話』は弁護士の大平光代さんをゲストに呼んだことがある。この人も「がんばる」の連続の人生だった。

中学2年生の時にいじめを受けて、割腹自殺を図った。非行に走り、16歳で暴力団組長の妻になった。そして21歳で離婚し、その後、大阪の新地で売れっ子のホステスになった。夜の世界から脱出するために、色々な資格に挑戦した。最後は司法試験に合格した。

40歳で再婚、妊娠、出産、育児……。ダウン症の子どもが生まれた。彼女は弁護士の仕事を少なくし、家族中心に生きることを決めた。

40歳までずっと無理をしてきたようだ。40歳を過ぎて、彼女は無理をしない生き方をしているという。

ぼくは56歳の時から、無理をする時間と無理をしない時間を行ったり来たりするようになった。ちょっとだけ成長したように思う。

中年期を生き抜くために、無理をする時間と無理をしない時間の両方を上手に行ったり来たりするのがいいように思う。

「無駄に戦わず、がんばり過ぎず、欲張り過ぎないで生きる」

鎌田實とイースター島の若者の言葉。

イースター島のモアイ像を見てみたいと思っていた。2009年、この奇跡の島を訪れた。

アフリカ大陸にしかいなかった人類が出アフリカに成功し、何万年もかけて世界に拡散していったことはよく知られている。広大な海もイカダを使って移動した。

そんなわけで、絶海の孤島であるイースター島にも人が住むようになったわけだが、この島は肥沃な土地だったので、人口がみるみる増えていった。島はそれぞれのグループに分かれて、王のもとで暮らすようになった。しかし、その後、集落ごとで戦いが起き始めた。

そんな中、モアイ像は強さの象徴として作られたという。当時、なんと1000

体ものモアイ像があった。それぞれの集落は自分達の力を誇示するために、わざわざ山から石を切り出し、切り出した石からモアイ像を作り、森の木を切って、コロの原理を利用して像を海岸や村に運んだ。

その結果、どんどん森が消滅していった。雨が少なくなり、作物が取れなくなり、食べ物を争って戦いが起きた。

島全体の力が弱くなった時にヨーロッパ人がやって来た。その頃には、この島に戦う力は残っていなかった。ヨーロッパ人による略奪が始まった。最終的に人口はたった111人になったという。

イースター島を訪ねた時、島の伝統文化を守っている若者グループと話をした。

「母なる大地を守るにはどうしたらいいの?」とぼくが聞いた。

「欲張らないことさ」

無駄な戦いをしないこと。そしてがんばり過ぎないこと。そのうえで欲張らないことが大事。イースター島で生きるうえで大切なことを教わった。

#「試練には必ず脱出の道が用意されているので、どんな試練にも負けない」

友人・佐藤雅彦さんの言葉。彼は50歳の時、若年性アルツハイマー病と診断された。都庁に仕事で行った時、ビルの外に出られなくなり、駐車場に駐《と》めた自分の車を見つけられなくなったことが決定打となった。

佐藤さんは50歳でミッドライフ・クライシスに襲われた。それでも今日まで現実と向き合い、決して逃げ出さなかった。

２０２０年の暮れに、「認知症の心構え」というメールが来た。

「認知症と診断されてもすべてができなくなるわけではなく、できることもたくさんある」

と書いている。ぼくのところには1週間に1回ぐらいメールがやって来る。絵を描いた時には絵を送って来る。感想や評論をするととても喜んでくれる。

その中に、**「失った機能を嘆いたり数えたりしないで、残された機能に感謝して生きる。未来は明るいと信じる。そして、試練には必ず脱出の道が用意されている」**と書いてあった。

少し前に彼から来たメールでは、自分の長所というのを書き上げてくれた。**「自分にはできないことがある。でも、それを書き出す力が残っている。できないことを書き出すことで、どうやったら失敗を減らすか、と考えることができる」**という。

たとえば、お風呂のお湯を張るために蛇口をひねっても彼は時々忘れてしまう。「自分のできないことを書き出すことができるというのを自分の最大の長所としているところに尊敬の念を感じます」とぼくは返事を書いた。

今、67歳。中年期を見事に一人で生き抜いている。本当にすごいと思う。

「自分は不幸せではない、幸せだ」と言い切る彼を見て、苦難を乗り越える勇気が湧きたつ。

「大切なのは人生の〝行動変容〟」

新型コロナウイルスとの闘いが長期戦になってきた。コロナに感染しないために、「〝行動変容〟が大切」と言われ出した。

行動変容とは、生活の仕方を変えることだ。

この言葉は健康づくり運動でよく使われてきた。血圧を上げないための生活の仕方や血糖値を下げるための生活の仕方など、行動変容を起こすことで、糖尿病の患者さんが正常の人と同じ血糖値になったりすることができる。

この行動変容という言葉、じつは奥が深い。

行動変容を起こすコツさえ身につけてしまえば、人生だって変えられるのだ。

行動変容を英語で言うと、「behavior change」だと思っている人が多い。でも本当は、「behavior modification」という言葉のほうがしっくりくるような気がする。

Aというスタイルから B というスタイルに変わることを「change」と表現する。

一方で「modification」は、もともと自分の中にあった能力の中から今までとは違うものを引き出すイメージ。

違う自分に変身するのではない。自分も気がついていない自分の中にある「自分」に変わっていくことを「行動変容を起こす」というのだ。

ぼくの実の父は糖尿病で透析を受けながら最後は脳卒中で死んだ。ぼくも糖尿病の遺伝子を持っている確率が高い。この事実を知ったのは40代後半だった。このことを知ってから、生活の仕方を変えた。一年近くかかったが、ミッドライフ・クライシスを乗り越えることができた。

スクワットやかかと落としを欠かさず行い、時々血糖値を測り、血糖値が上がっていないことを確認している。その結果、体重も72キロ前後に安定した。

朝太陽に当たるとか、その中でスクワットをするとか、朝体重計に乗るとか、行動変容を起こすためには、具体的な目標が大事。

ぼく自身、具体的な目標を設定し、行動変容を起こしているうちにテレビを観ている時よりも散歩に出たほうが気持ちが良いと感じるようになった。

冬はスキー場に行く。行動変容を起こすとライフスタイルが変わってくるのだ。ドローイング歩行しながら季節の変化を感じるようになった。

テレビを観る時間が少なくなった分、自然に本を読む時間も増えた。少し時間があると被災地に行ったり、外国の医療支援に行ったりもするようになった。生き方が変わっていったのだ。

人生を変えるのは簡単ではないけど、生活習慣なら変えられると思った。他人と比べない習慣とか、他人に対しても、自分に対しても、いい所を見つける習慣等にこだわるようにしてみた。

ぼくが人生で初めて行動変容を起こしたのは18歳の時だと思う。自分の貧乏生活から脱出するために朝4時半に起きて一冊の本を繰り返し読むようにした。

一冊の本にアンダーラインを引き、書き込みを加え、擦り切れるほど何十回も読んだ。ＩＱが高くないからだ。

これは中年になって、書く仕事をするうえで大変役立ったと思う。

ぼくは受験勉強から朝4時半に起きることを始めたが、受験が終わってもそのスタイルを変えず４時半起きという習慣が身についた。

朝早くに起きて医学の勉強をしたり、何十回も一冊の本を読むことを繰り返しやり続けたのだ。

おそらくＩＱが低いことを自覚しながら、他人よりも持続力に長けていることに気がついていったのだと思う。

change ではなく modification なんだと気がついた。

あなたの中にも決断力や持続力や想像力や包容力など、自分でも気がついていない良いものが必ずあるはずだ。

人生の行動変容を起こすということは、自分も今まで気がつかなかった自分の中にあるものを引っ張りだして、それを躊躇せずに不器用でもいいからやり続けること。

その結果、ライフスタイルが変わるだけでなく、面白い人生を生き始めていることに気がつくようになると思う。

ぜひあなたにも人生の行動変容を実践して欲しい。

「コロナ時代、〝自分〟を守るためには分析能力、表現能力を高める必要がある」

ぼくは、健康づくり運動には一人ひとりのリテラシーを高めることが大事だと考えてきた。これが成功の秘訣だ。長野県はどちらかと言うと〝不健康県〟だったが、平均寿命日本一になった。

健康づくり運動だけでなく、**これからの時代を生き抜くには物事を理解し、分析し、表現する力、リテラシー能力が必要不可欠**だ。

世界はいまだに新型コロナウイルスに悩まされている。

これまで人類の危機、そして時代の転換は幾度かあった。

14世紀にはペストが流行し、ヨーロッパの3分の1の住民が亡くなった。しかしその後、ルネサンスが起きた。

20世紀初頭にスペイン風邪が流行り、その後第一次世界大戦や大恐慌が起きた。いい激変も悪い激変も起きるということだ。

コロナ時代を生きる私達が、コロナがどのように終息していくのか想像力を働かせることはとても大事なことだ。

私達はこのコロナ時代をどう理解し、分析し、自分の人生をどう表現していくかが問われている。

医師であるぼくの予測としては、人口の一定割合が免疫を持たないとなかなか本当の終息にはならないと思う。

感染爆発を起こさせないように流行を抑え、ワクチンが広がることで免疫を獲得していけば、インフルエンザに近い距離感を持つ時がやって来る。

それまでの間、ソーシャルディスタンスを守るために間違いなくＩＴがさらに普及し発展するだろう。

「君死にたまふことなかれ」と詠んだ詩人・与謝野晶子は日露戦争や第一次世界大戦、第二次世界大戦を経験した一人だ。もちろんスペイン風邪も経験している。

「自己を守ることに聡明でありたい」という言葉を残している。

彼女は、外国に行くのが難しかった時代、ソ連のシベリア鉄道を使いながらパリまで行っている。

コロナの流行によって国と国の移動が制限され、どこか世界が遠くなったような気がする人は多いだろう。それでも、彼女のように、これからの世界の流れを常に見続けて欲しいとぼくは考えている。具体的には、

コロナ時代、「自分」を守るためには分析能力、表現能力を高める必要がある。

ということだ。コロナ時代を生き抜くためには、とにかく**リテラシーを高め、時代の流れを分析しながら、自分流の人生を作り上げていく**必要があるのだ。

ビヨンドコロナ、コロナを越えて本当に大切なものは何なのか、今、多くの人が真剣に考え始めている。

これから、生きることと死ぬことに対しては無自覚ではいられなくなるだろう。生き方を自己決定していくことが問われる。

そのために**考える力を鍛えよう。**

考える力は「なぜ」と疑問を持つことから始まる。

自分流で構わない。「理解し、分析する」ことを繰り返していこう。

そして、頭の中だけでなく、実生活の中で、それを表現したり、実践することで自分を変えていくことがコロナを乗り越えていくために必要だ。

新しい人間になるいいチャンス。ほんの少し勇気があれば新しい人生を、誰でも生きられるはず。

これはミッドライフ・クライシスと向き合う時にも活かせる「考え方」だと思う。

おわりに

ミッドライフを生き抜くあなたに最後にこの言葉を贈りたいと思う。

10回のうち7回は失敗していい。

半分以上失敗してもいいと考えるととても気持ちが楽になる。失敗を恐れて何もしない人がいるが、これは大きな間違い。何かをしようとすれば失敗はつきものだ。第二次世界大戦中にイギリスの首相になったウィンストン・チャーチルの政策は、ドイツのヒトラーの猛攻撃の前に失敗の連続だった。イギリスの政治家の中には、ヒトラーの軍門に降《くだ》ったほうが、被害が少なくなると主張する者もいた。それでも、チャーチルは白旗を掲げなかった。チャーチルは、失敗が続いている中にあっても、「成功とは、意欲を失わずに失敗に次ぐ失敗を繰り返すこと」と言い切った。

野球の3割バッターといえば、チームにあっては主力選手だが、10回のうち7回は三振をしたり凡打をしているということ。それでも3割バッターは超一流選手と言われる。

3割の打率を残すことが大変なのはよくわかるが、7割失敗してもいいと考えることがとても大事なことなんだ。

ミッドライフ・クライシスに陥って人生が思うようにいかないと悲観的な気持ちになっている人もいるだろう。

それでもこれからの人生、10回打席が回ってきたら、たとえ7回は失敗しても生きている間にたった3回クリーンヒットを打つだけで人生を挽回できる。

クリーンヒットが難しいと思う時は、バントヒットを試みたり、守備と守備の間を抜いたり、ボテボテのゴロを打ってとにかく全力で走って内野安打にする。かっこの悪いヒットだって、いいじゃないか。
失敗を恐れず、毎回、〝打席に立って〟中年期を楽しんでもらいたいと願う。

この本は２０２０年、新型コロナのパンデミックの中で青春出版社の渡邉亨君から企画がもたらされた。ぼくの本は高齢者を対象にした本が多い。大変だったけど、新鮮な気持ちでとり組めた。自分が中年だった時のことを思い出しながらミッドライフ・クライシスを書き上げた。青春出版社の山崎知紀編集長は、ヨタヨタしがちな鎌田に明確な軌道を描いてくれた。３人で2週間に1度ほどＺｏｏｍミーティングをしてこの本は完成した。２人の力が無ければ、この本は出来なかったと思う。2人に心から感謝です。楽しい時間でした。

DTP／エヌケイクルー

青春新書
INTELLIGENCE

こころ涌き立つ「知」の冒険

いまを生きる

"青春新書"は昭和三一年に——若い日に常にあなたの心の友として、その糧となり実になる多様な知恵が、生きる指標として勇気と力になり、すぐに役立つ——をモットーに創刊された。

そして昭和三八年、新しい時代の気運の中で、新書"プレイブックス"にその役目のバトンを渡した。「人生を自由自在に活動《プレイ》する」のキャッチコピーのもと——すべてのうっ積を吹きとばし、自由闊達な活動力を培養し、勇気と自信を生み出す最も楽しいシリーズ——となった。

いまや、私たちはバブル経済崩壊後の混沌とした価値観のただ中にいる。その価値観は常に未曾有の変貌を見せ、社会は少子高齢化し、地球規模の環境問題等は解決の兆しを見せない。私たちはあらゆる不安と懐疑に対峙している。

本シリーズ"青春新書インテリジェンス"はまさに、この時代の欲求によってプレイブックスから分化・刊行された。それは即ち、「心の中に自らの青春の輝きを失わない旺盛な知力、活力への欲求」に他ならない。応えるべきキャッチコピーは「こころ涌き立つ"知"の冒険」である。

予測のつかない時代にあって、一人ひとりの足元を照らし出すシリーズでありたいと願う。青春出版社は本年創業五〇周年を迎えた。これはひとえに長年に亘る多くの読者の熱いご支持の賜物である。社員一同深く感謝し、より一層世の中に希望と勇気の明るい光を放つ書籍を出版すべく、鋭意志すものである。

平成一七年　　刊行者　小澤源太郎

著者紹介

鎌田實〈かまた　みのる〉

1948年東京生まれ。医師・作家。東京医科歯科大学医学部卒業後、諏訪中央病院へ赴任、以来40年以上にわたって地域医療に携わる。現在、諏訪中央病院名誉院長。日本チェルノブイリ連帯基金理事長、日本・イラク・メディカルネット代表として、被災地支援にも精力的に取り組んでいる。2006年、読売国際協力賞、2011年、日本放送協会放送文化賞を受賞。ベストセラー『がんばらない』(集英社)をはじめ著書多数。近著に『相手の身になる練習』(小学館)、『70歳、医師の僕がたどり着いた 鎌田式「スクワット」と「かかと落とし」』(集英社)などがある。

ミッドライフ・クライシス

青春新書 INTELLIGENCE

2021年7月15日　第1刷

著　者　鎌《かま》田《た》　實《みのる》

発行者　小澤源太郎

責任編集　株式会社プライム涌光

電話　編集部　03(3203)2850

発行所　東京都新宿区若松町12番1号 〒162-0056　株式会社青春出版社

電話　営業部　03(3207)1916　振替番号　00190-7-98602

印刷・中央精版印刷　製本・ナショナル製本

ISBN978-4-413-04625-1

こころ涌き立つ「知」の冒険!

青春新書 INTELLIGENCE

人は死んだらどこに行くのか	世界の宗教の死生観	島田裕巳	PI·506
ブラック化する学校	少子化なのに、なぜ先生は忙しくなったのか?	前屋 毅	PI·507
僕ならこう読む	「今」と「自分」がわかる12冊の本	佐藤 優	PI·508
江戸の長者番付	殿様から商人、歌舞伎役者に庶民まで	菅野俊輔	PI·509
「減塩」が病気をつくる!		石原結實	PI·510
隠れ増税	なぜあなたの手取りは増えないのか	山田 順	PI·511
大人の教養力	この一冊で芸術通になる	樋口裕一	PI·512
スマートフォン その使い方では年5万円損してます		武井一巳	PI·513
「血糖値スパイク」が心の不調を引き起こす		溝口 徹	PI·514
こんなとき英語でどう切り抜ける?		柴田真一	PI·515
その「もの忘れ」はスマホ認知症だった		奥村 歩	PI·516
「糖質制限」その食べ方ではヤセません		大柳珠美	PI·517
浄土真宗ではなぜ「清めの塩」を出さないのか		向谷匡史	PI·518
皮膚は「心」を持っていた!	「第二の脳」ともいわれる皮膚がストレスを消す	山口 創	PI·519
その「英語」が子どもをダメにする	間違いだらけの早期教育	榎本博明	PI·520
頭痛は「首」から治しなさい	慢性頭痛の9割は首こりが原因	青山尚樹	PI·521
日本語のへそ		金田一秀穂	PI·522
「系図」を知ると日本史の謎が解ける		八幡和郎	PI·523
英語にできない日本の美しい言葉		吉田裕子	PI·524
AI時代を生き残る仕事の新ルール		水野 操	PI·525
速効! 漢方力	抗がん剤の辛さが消える	井齋偉矢	PI·526
公立中高一貫校に合格させる塾は何を教えているのか		おおたとしまさ	PI·527
ニュースの深層が見えてくるサバイバル世界史		茂木 誠	PI·528
40代でシフトする働き方の極意		佐藤 優	PI·529